国家能源集团安全生产管理体系实施指南

国家能源投资集团有限责任公司
中国安全生产科学研究院　编著

应急管理出版社

·北　京·

图书在版编目（CIP）数据

国家能源集团安全生产管理体系实施指南 / 国家能源投资集团有限责任公司, 中国安全生产科学研究院编著. -- 北京：应急管理出版社, 2024. -- ISBN 978-7-5237-0847-7

I. F426.2-62

中国国家版本馆 CIP 数据核字第 2024YU9855 号

国家能源集团安全生产管理体系实施指南

编　　著	国家能源投资集团有限责任公司　中国安全生产科学研究院
责任编辑	田　苑
责任校对	张艳蕾
封面设计	于春颖
出版发行	应急管理出版社（北京市朝阳区芍药居 35 号　100029）
电　　话	010-84657898（总编室）　010-84657880（读者服务部）
网　　址	www.cciph.com.cn
印　　刷	北京世纪恒宇印刷有限公司
经　　销	全国新华书店
开　　本	710mm×1000mm $1/16$　印张　$13\frac{1}{4}$　字数　240 千字
版　　次	2024 年 12 月第 1 版　2024 年 12 月第 1 次印刷
社内编号	20241089　　　　　　　定价　58.00 元

版权所有　违者必究

本书如有缺页、倒页、脱页等质量问题，本社负责调换，电话:010-84657880
（请认准封底防伪标识，敬请查询）

编 委 会

主　　编 杨　鹏

副 主 编 徐开宇　周福宝

编　　委 郭　焘　史聪灵　李文嵩　李克荣　高东风
　　　　　 曾明荣　柴小康　杨雪松

编写人员（按姓氏笔画排序）

丁美文　于　哲　弋　岗　卫禹辰　王　佳
王　琛　王　超　王　鑫　王丽谦　王利群
王忠凯　牛　强　毛吉星　田　军　代　芮
司　松　李　倩　李　强　李　瑾　李一奇
李世龙　李彦平　李振国　杨国梁　宋张君
张　志　张　胜　张　哲　张吉苗　范海亮
国汉君　周　勇　郑丽君　段宏海　侯晓林
洪　瑶　胥　旋　袁　明　贾克斌　黄中权
崔利群　魏丽萍

前　　言

为全面建设世界一流清洁低碳能源科技领军企业和一流国有资本投资公司，国家能源投资集团有限责任公司（简称国家能源集团）以习近平总书记关于安全生产重要论述和重要指示批示精神为根本遵循，深入贯彻落实党中央、国务院关于安全生产的决策部署，基于"安全风险管控""隐患排查治理""应急处置与救援"三道防线系统防控模型，采用LS-PDCA（"领导-支持-策划-实施-检查-改进"）的运行模式，构建了具有"中国化、时代化、国能化"的安全生产管理体系，制定发布了国家能源集团企业标准《安全生产管理体系　第1部分：总体规范》(Q/GN 0174.1—2024，简称《总体规范》)。

为统一理解认识，规范实施路径，推动安全生产管理体系有效落地运行，国家能源集团和中国安全生产科学研究院联合组建项目团队，根据《总体规范》，秉持"理论与实践相结合、国际标准与国内安全生产管理标准化相融合"的原则，系统梳理了安全生产相关法律法规规章、标准规范及其他规范性文件要求，在深入挖掘和提炼国家能源集团长期以来安全生产管理积累的好经验、好做法的基础上，充分借鉴国内外安全生产管理体系落地实施的路径方法和经验做法，历经反复研究论证、审核打磨，编写形成了《国家能源集团安全生产管理体系实施指南》（简称《实施指南》）。

《实施指南》按照"国家、行业要求是什么——核心是什么——为什么这么做——怎么做"的脉络，创新性建立了"标准原文""标准溯源""标准要义""实施要点"的要素阐释结构，对《总体规范》的各管理要素进行了深入浅出的释义和解读。

《实施指南》是对国家能源集团安全生产管理体系的权威解读和实施指引，搭建了安全生产管理理念理论、标准规范与实践方法路径的桥梁，解决了安全生产管理体系建设方法不规范、实施路径不明确等问题，实现了学术严谨性与实践指导性的有机结合，可为国家能源集团建立安全生产管理体系提供体系运行和实践指导，也是企业安全生产管理的指导书、安全生产管理人员的工具书。

除此之外，《实施指南》作为一部专业性较强的著作，其适用人群广泛覆盖于学术界与实践界的多个层面。其专为安全生产领域的研究者、教育工作者、企业安全生产管理部门的决策者及执行者设计，同时也适合作为相关专业的本科生、研究生及安全生产培训课程的教材或参考书籍。无论是对安全生产管理理论有深入研究需求的学者，还是致力于将安全生产管理理念转化为实践成效的实践者，《实施指南》均可发挥指导与借鉴作用。

在本书编写和出版过程中，得到了许多单位和个人的大力支持和帮助。在此，谨向所有为本书的编写付出辛勤劳动和提供宝贵意见的专家学者、管理人员以及各界朋友表示衷心的感谢！

由于作者水平和时间有限，书中难免存在不足之处，希望读者予以批评指正，以便不断修改完善。

作 者

2024 年 11 月

目　　次

1 编制背景 … 1
2 编制思路 … 3
　2.1 目标和定位 … 3
　2.2 编制原则 … 3
　2.3 要素结构 … 4
3 编制依据 … 6
　3.1 术语定义 … 6
　3.2 标准溯源 … 6
　3.3 标准要义 … 6
　3.4 实施要点 … 7
4 总体要求 … 8
　4.1 党建引领 … 8
　4.2 理念目标 … 11
　4.3 领导作用 … 15
　4.4 全员参与 … 24
　4.5 信息沟通 … 26
5 基础保障 … 29
　5.1 组织保障 … 29
　5.2 责任保障 … 37
　5.3 合规保障 … 39
　5.4 制度保障 … 41
　5.5 科技保障 … 46
　5.6 数智保障 … 48
　5.7 资金保障 … 50
　5.8 文化保障 … 51
6 安全风险分级管控 … 54
　6.1 一般要求 … 54

6.2	危险源辨识	57
6.3	风险评估	60
6.4	风险控制	62

7 事故隐患排查治理 70
- 7.1 一般要求 70
- 7.2 事故隐患排查 72
- 7.3 事故隐患治理 75

8 人员管理 78
- 8.1 人员准入 78
- 8.2 安全资格 80
- 8.3 安全培训 81
- 8.4 行为管控 86

9 生产管理 99
- 9.1 生产计划 99
- 9.2 生产过程 101
- 9.3 专项安全 109
- 9.4 变更管理 125
- 9.5 辅助安全 128
- 9.6 相关方管理 132

10 健康管理 137
- 10.1 健康企业 137
- 10.2 职业健康 139
- 10.3 心理健康 142

11 应急管理 145
- 11.1 一般要求 145
- 11.2 应急准备 146
- 11.3 应急救援 154
- 11.4 应急恢复 156

12 事故事件 158
- 12.1 事故 158
- 12.2 事件 161

13 检查评价 163
- 13.1 安全检查 163

  13.2 绩效评价 …………………………………………………… 165
14 持续改进 …………………………………………………………… 167
附录 ………………………………………………………………………… 171
  1. 安全生产管理体系 第1部分：总体规范 …………………… 171
  2. 安全生产管理体系 第2部分：术语 ………………………… 188

1 编 制 背 景

2023年，国家能源集团制定了安全生产管理体系建设工作方案，报请应急管理部同意后正式印发，安全生产管理体系建设工作全面启动。2024年1月，国务院安全生产委员会印发了《安全生产治本攻坚三年行动方案（2024—2026年）》，将"开展生产经营单位安全管理体系建设行动"列为治本攻坚"八大行动"之一，对安全管理体系建设提出了更高要求。同时，国务院国有资产监督管理委员会印发了《中央企业安全生产监督管理办法》，要求中央企业建立健全安全生产管理体系，实现安全生产管理的系统化、规范化。国家能源集团现存在业务板块多、产业链长、地域分布广、生产工艺和条件复杂、环节多、规模大、人员作业密集，安全发展不均衡等特点；各产业多套体系并行，存在管理要素不完备、管理要求不一致、考核标准不统一等现象。需要总结提炼经验做法，对现行多套体系进行规范整合、健全完善，构建既适用集团各产业、又符合国家行业标准要求，高效统一的安全生产管理体系，这也是国家能源集团贯彻落实习近平总书记关于安全生产重要论述和重要指示批示精神、落实企业安全生产主体责任的重要体现，是适应新时代高质量发展新要求、落实安全发展理念、解决安全管理难点问题、提升安全管理水平能力的重要举措；是践行央企社会责任担当、加快建设安全一流企业、推动安全管理中国式现代化、维护信誉品牌的现实需求。

为健全完善和规范统一安全生产工作，国家能源集团计划制定安全生产管理体系列标准，编制形成以1项总体规范、9项主要业务子标准和3项其他生产业务子标准组成的"1+9+N"的安全生产管理体系列建设标准。《总体规范》（详细内容见附录）是国家能源集团安全生产管理体系标准中的核心和基础，对体系专业标准起到引领和规范的作用，为国家能源集团安全生产工作提供了总体框架和基本遵循。《总体规范》作为安全生产管理体系的基本要求，具有较强通用性和高度概括性，往往需要更具有专业性的子标准进行补充，还需要更具实操性的实施指南指导落地运行。

国家能源集团安全生产管理体系建设，始终坚持以习近平总书记关于安全生产重要论述和重要指示批示精神为根本遵循，深入贯彻安全生产相关政策法规，深挖提炼国家能源集团安全生产管理实践经验、借鉴吸纳国内外安全生产管理体系构建理论方法和典型经验,同时紧密结合未来安全发展趋势,以彰显"中国化、时代化、国能化"特征为首要目标,以好用、实用、管用为评判准则,建立既具有国际通用性、又具有中国化时代化特征的安全生产管理体系,力求打造中国特色的安全生产管理体系国能实践样本。

2 编制思路

2.1 目标和定位

《实施指南》作为《总体规范》的配套材料,对《总体规范》的管理要求进行释义与解读,为国家能源集团安全生产管理体系的实施运行提供实践指导。

《实施指南》将《总体规范》的管理要求转化为具体、详细的实施步骤、流程和方法,以求对《总体规范》管理要求的理解认识形成共识,确保安全生产管理体系运行的一致性,降低因执行不统一而产生的风险和问题。

《实施指南》遵循了党中央和国务院关于安全生产的决策部署、安全生产现行有关法律法规和国家标准规范的要求,深入解读了安全生产管理要求,提供了具体可行的安全生产实践指导,可作为企业安全生产管理的指导书,帮助企业更好推进安全生产工作。

《实施指南》也可作为安全生产管理人员的工具书,帮助安全生产管理人员准确理解《总体规范》要求,掌握企业安全生产管理要素的运行流程,了解控制程序,有序开展安全生产监督检查和考核评审等工作。

2.2 编制原则

在编制过程中,《实施指南》遵循了以下原则:

全面性。《实施指南》全面阐述《总体规范》的各个管理要素,对每一个要素的管理要求进行高度凝练和概括,并对其逻辑规律进行详细解读。《总体规范》用词精炼,承载着丰富的信息,实现了管理要求的完整呈现。《实施指南》对《总体规范》的各项管理要求进行拓展性,力求让读者全面认识和理解管理要素的设计思路。

系统性。《实施指南》坚持系统思维,根据《总体规范》管理要素间的逻辑关系,将各管理要素进行紧密衔接、关联贯通。《总体规范》中各管理要素逻辑严谨、条理清晰,通过合理地分层、分类和排序,形成一个有机系统。《实施指南》力争清晰描述管理要素间以及要素内部存在的因果关系、并列关系或递进关系等,帮助读者识别和厘清这些逻辑关系,以便更好把握安全生产管理体系的内在规律和运行机制。

精准性。《实施指南》严格遵循国家、行业有关安全生产的管理要求，明确具有针对性的安全管理策略和措施。同时，《实施指南》从《总体规范》中精准提炼出每一个管理要素的核心要义和实施要点，严格遵循法定要求，准确匹配国家能源集团行之有效的安全管理经验做法。此外，《实施指南》强调根据企业自身实际情况和发展态势，量身定制安全管理策略，实施精细化安全管理措施。

实践性。《实施指南》充分吸纳借鉴安全生产管理的有益经验和成熟做法，将国家、行业、上级单位的安全生产要求，结合理论知识，转化为操作步骤、标准流程、管理方法等，通过精练的语言和清晰的表述，使得其易于被理解和执行，为安全生产管理人员提供具体、直观、易懂的实践指导，确保管理要求有效落实。

2.3 要素结构

《实施指南》作为《总体规范》的配套文件，其核心章节依据《总体规范》的内容架构展开，对《总体规范》的各个管理要素进行详细释义和解读，明确安全生产管理体系建设的路径和方法，解决体系建设方法不规范、路径不明确等问题。

《总体规范》分为 11 个一级要素、41 个二级要素、42 个三级要素，其架构如图 2-1 所示。

《实施指南》按照"国家、行业要求是什么——核心是什么——为什么这么做——怎么做"的脉络，创新性建立了"标准原文""标准溯源""标准要义""实施要点"的要素阐释结构，对《总体规范》的各管理要素进行了深入浅出的释义和解读。

"标准原文"链接《总体规范》中各要素的管理要求。

"标准溯源"追溯《总体规范》中各要素管理要求的来源，体现标准原文编制的科学性、权威性、合规性。

"标准要义"是对《总体规范》各要素主要规定和基本要求等方面的释义，回答"是什么""为什么"两个问题。

"实施要点"是落实《总体规范》管理要求时应遵循的重要步骤和采取的关键举措，回答"怎么做"的问题，提供具体实践指导，确保管理要求有效实施。

2 编制思路

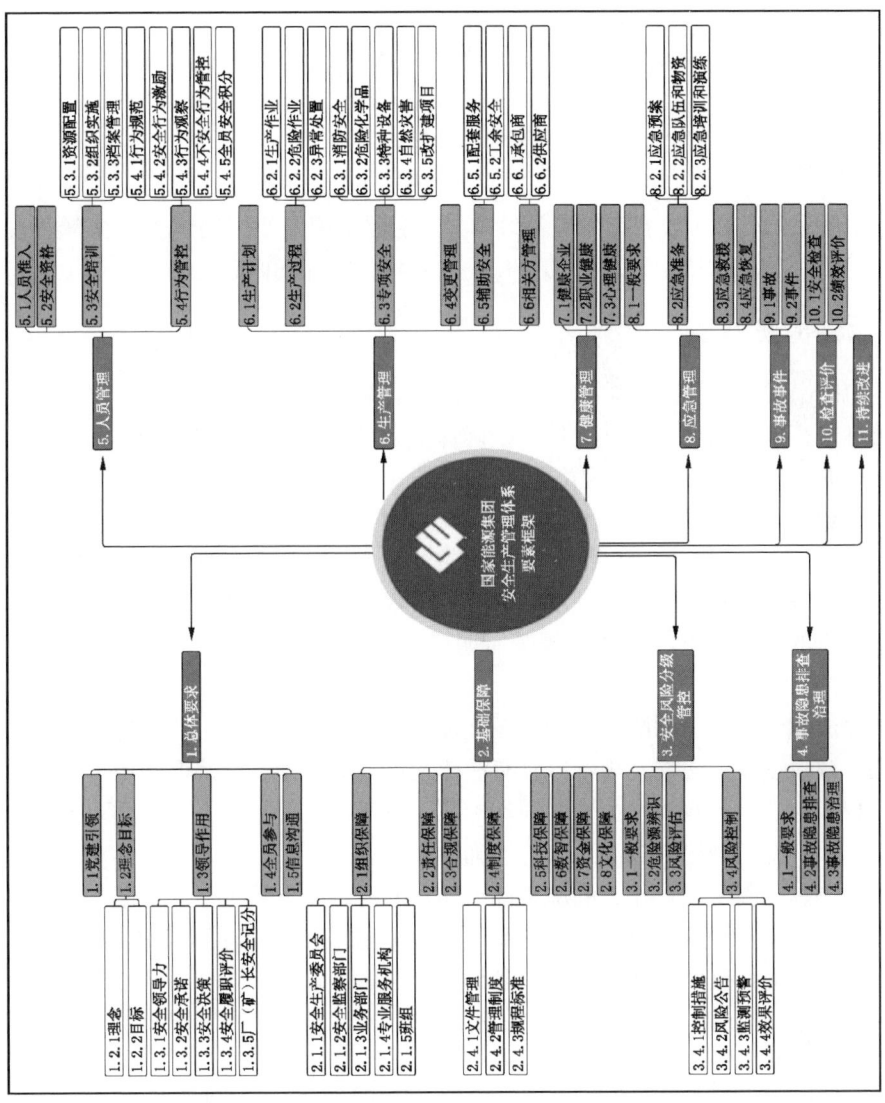

图 2-1 安全生产管理体系框架

3 编 制 依 据

3.1 术语定义

《实施指南》中的术语定义主要参考国家能源集团企业标准《安全生产管理体系 第2部分：术语》（Q/GN 0174.2—2024），其详细内容见附录。

3.2 标准溯源

《实施指南》中"标准溯源"部分，主要依据现行安全生产相关法律法规规章、标准规范以及其他规范性文件，以确保《总体规范》的管理要求能被追溯。引用文件时，根据其法律效力等级，按照法律、法规、规章、政策性文件、国家标准、行业标准的顺序列入溯源文件。若法律法规中有相关具体要求，不在"标准溯源"中列入规章、政策性文件、国家标准、行业标准的要求；但如果上位法中只明确规定相关要素管理要求的部分内容，可列举其他文件进行补充；如果某些要素的管理要求在法律法规未有明确规定，按照顺序列入其他文件的要求，并以此类推。

按照法律效力等级的顺序列入溯源文件，有助于确保溯源工作的规范性和可操作性。遵循法律、法规、规章等具有法律约束力的文件，可确保溯源工作的合法性和权威性。引入政策性文件、国家标准、行业标准等文件，可为溯源工作提供指向作用，有助于提高溯源工作的准确性和效率。

本书中，一些要素在相关溯源文件中涉及的内容或条款较多，不便于直接原文引用，便在相应位置进行了简要总结。读者可根据"标准溯源"的相关条款或文件索引，自行获取原文进行详细参阅。

3.3 标准要义

《实施指南》中"标准要义"旨在将管理要求的核心思想和关键信息以简洁明了的方式表达出来。编写前，应对标准原文进行深入理解，准确把握管理要求的设计意图，识别标准原文中的关键点；编写时，重点阐述"是什么"和"为什么"的问题，表达每一管理要素的设置对于安全生产的重要意义。此部分具有一定的学理性，应尽可能使用通俗易懂的语言，深入浅出地描述标准原文蕴含的深层次意义。

3.4 实施要点

《实施指南》中"实施要点"部分应具有较强的指导性和可操作性，能适用于国家能源集团安全生产管理的实际要求。本部分编写时，主要依据国家能源集团现行经实践检验证明行之有效的安全管理经验做法，经反复研讨和专家论证，总结归纳形成实施要点内容。

4 总体要求

4.1 党建引领

标准原文

安全生产工作坚持中国共产党的领导。

党组（党委）应统筹发展和安全，推动安全生产工作与党建工作同步谋划、同步部署、同步落实、同步检查、同步考核，发挥各级党组织安全生产领导作用，包括：

a）将学习贯彻习近平总书记关于安全生产重要论述和重要指示批示精神作为安全生产工作"第一要务"；

b）贯彻落实党中央、国务院关于安全生产的决策部署；

c）将安全生产纳入理论学习和干部培训的重要内容；

d）推进安全生产领域意识形态工作；

e）研究安全生产发展战略、长期规划等重大事项；

f）定期听取安全生产工作汇报，分析研判安全生产重大风险，研究解决安全生产重大问题；

g）将安全生产管理能力作为安全生产领导人员选拔任用的重要依据；

h）将领导人员安全履职情况作为综合考核评价的重要依据；

i）将安全生产工作纳入巡视巡察和党建考核；

j）开展安全生产监督执纪问责；

k）发挥群团组织在安全生产工作的作用。

党支部应在安全生产工作中发挥战斗堡垒作用。

党员应在安全生产工作中发挥先锋模范作用。

标准溯源

➡《中华人民共和国安全生产法》（2021年修订）

第三条 安全生产工作坚持中国共产党的领导。……

➡ 《中国共产党国有企业基层组织工作条例（试行）》（2019年）

第十一条 国有企业党委（党组）发挥领导作用，把方向、管大局、保落实，依照规定讨论和决定企业重大事项。……

标准要义

安全生产是企业在生产经营过程中，为避免造成人员伤亡和财产损失而采取的事故预防和控制措施，使生产经营过程在符合规定的条件下进行，以确保从业人员的生命安全与身体健康、设备和设施免受损坏、生态环境免遭破坏的相关活动，从而保证企业生产经营活动得以顺利进行。安全生产关系人民群众生命财产安全，关系企业持续健康稳定发展。

企业安全生产工作必须坚持中国共产党的领导，充分发挥各级党组织在安全生产管理中的引领作用，从思想上、政治上、行动上解决安全生产存在的系统性问题和深层次症结。

企业党组（党委）要发挥领导作用，把方向、管大局、保落实，决策重大事项，统筹发展和安全，持续推进党建与安全生产深度融合。

党支部要认真贯彻落实企业党组（党委）关于安全生产的决策部署，加强基层组织建设，提升安全生产工作质量，发挥战斗堡垒作用。

党员要在安全生产工作中主动担当、积极作为，发挥先锋模范作用。

实施要点

1. 党组（党委）

党组（党委）要统筹发展和安全，推动安全生产工作与党建工作同步谋划、同步部署、同步落实、同步检查、同步考核，发挥各级党组织安全生产领导作用，重点开展以下工作：

（1）将习近平总书记关于安全生产重要论述和重要指示批示精神作为安全生产工作的根本遵循，把学习贯彻习近平总书记关于安全生产重要论述和重要指示批示精神作为安全生产工作"第一要务"，坚持人民至上、生命至上，树牢安全发展理念。

（2）贯彻落实党中央、国务院关于安全生产工作的决策部署，及时组织领导干部召开会议学习，有重点、有步骤、有秩序推进相关工作。

（3）将习近平总书记关于安全生产重要论述和重要指示批示精神作为党组

（党委）理论学习中心组必学内容，作为各级领导干部安全生产培训的第一课；将安全生产方针政策、法律法规等作为理论学习和干部培训的重要内容。

（4）将安全生产纳入党的思想宣传工作中，树立底线思维，强化红线意识，坚持正确舆论导向，弘扬安全理念。通过开展安全生产专题研讨、集中宣讲等活动，不断强化全体干部和从业人员的安全生产意识，宣传推广安全生产的好经验、好做法，评选安全生产先进单位和人物，发挥宣传教育对安全生产工作的促进作用。

（5）研究重大改革方案、资产重组、产权转让、资本运作和大额投资等可能影响企业安全生产发展战略、长期规划等重大事项。

（6）每季度至少听取一次安全监察部门和业务部门关于安全生产工作的汇报，分析研判安全生产重大风险，研究解决安全生产重大问题。

（7）将安全生产管理能力作为安全生产领导人员（M10~M16的管理人员）选拔任用的重要依据。安全生产管理能力是应用知识和技能实现安全生产管理预期结果的本领，主要体现在风险管理、合规管理、应急管理、统筹协调和组织指导等方面。

（8）将领导人员在安全生产责任制、安全生产规章制度、安全生产教育培训、安全生产投入、安全风险分级管控、事故隐患排查治理、应急管理等工作的履职情况纳入综合考核评价，作为评先选优、考察使用、职务调整的重要依据。

（9）将安全生产工作落实情况纳入企业巡视巡察范围，明确安全生产绩效在党建考核中的权重。

（10）纪检监察部门要对安全生产工作开展情况进行监督执纪问责，督促各部门、各单位履行安全生产责任，严肃追责问责。

（11）充分发挥工会、共青团等群团组织在安全生产工作中的作用。工会要依法组织员工参加安全生产工作的民主管理和民主监督，维护员工合法权益。团委要通过打造青年安全生产示范岗、塑造青年安全生产先进典型等方式，调动和激发青年参与安全生产工作的热情。

2. 党支部

党支部要积极落实上级党组织关于安全生产工作决策部署，将安全生产宣传教育纳入政治学习和教育、组织生活会等组织生活中，持续强化党员和群众对安全生产重要性的思想认识，及时掌握和了解党员和群众对于安全生产的态度，密切关注他们的思想动态和安全生产工作表现，加强组织管理，凝心聚力、化解矛盾、解决难题，发挥好战斗堡垒作用。

3. 党员

党员要率先垂范，深入学习安全生产法律法规和基本知识，掌握安全生产技能，带头遵守和执行安全生产规章制度，积极传播安全文化，带动身边员工共同关注安全、关爱生命。面对安全生产急难险重工作时，党员要挺身而出，勇于担当，发挥先锋模范作用。

4.2 理念目标

4.2.1 理念

> 标准原文

> 企业应坚持人民至上、生命至上，树牢安全发展理念。
> 应根据安全生产政策法规和管理实践，总结凝练形成安全理念，体现：
> a）安全第一、预防为主、综合治理的方针；
> b）企业发展战略；
> c）风险管理策略；
> d）数智化发展趋势；
> e）央企示范引领作用；
> f）从业人员获得感、幸福感、安全感。
> 应通过多种渠道与方式向从业人员和相关方宣贯安全理念，使其理解、认同、践行，并贯穿于生产活动全过程。
> 应根据发展变化，适时更新安全理念。

> 标准溯源

➡ 《中华人民共和国安全生产法》（2021年修订）

第三条 ……安全生产工作应当以人为本，坚持人民至上、生命至上，把保护人民生命安全摆在首位，树牢安全发展理念，坚持安全第一、预防为主、综合治理的方针，从源头上防范化解重大安全风险。……

➡ 《中央企业安全生产监督管理办法》（2024年修订）

第十四条 中央企业应当牢固树立"零事故、零伤亡"理念，加强安全生产源头治理，坚持标本兼治、重在治本，坚持关口前移，……

标准要义

安全理念是积淀于企业及从业人员心中的安全意识形态，包括企业在长期安全生产中逐步形成的、为全体从业人员所接受遵循的、具有自身特色的安全意识、安全行为、安全价值观。

安全理念不仅是企业社会责任的体现，更是对从业人员生命安全健康的尊重与保护。树立安全理念，有助于企业从业人员将安全意识内化于心、外化于行，形成自我约束和相互监督的良好机制，有效预防和控制事故的发生；也有助于提升企业品牌形象，为企业可持续发展提供有力支撑。

实施要点

1. 建立安全理念

企业要结合本行业要求及本单位特点，将安全方针、安全使命、安全原则、安全愿景、安全目标等内容总结凝练形成本单位的安全理念，其内容要通俗易懂、深入浅出、便于记忆。安全理念须保持相对稳定，当法律法规、上级公司要求、企业发生重大变化或其不能满足发展需求时，要完善和更新。

2. 宣传安全理念

企业要通过宣传栏、公告板、微信公众号、微信工作群等渠道，或者组织开展早调会、班前会、教育培训等活动对安全理念进行宣传解读，确保安全理念全方位、无死角传达到每一位从业人员，引导从业人员理解、认同、践行安全理念，达到统一思想、增强意识、形成共识的效果。

3. 贯彻安全理念

企业要将安全理念融入各项安全生产管理规章制度中，加强安全教育培训，强化从业人员对安全理念的理解和认同，通过调研、访谈、检查等方式全面了解安全理念的理解认识和践行情况，及时解决安全理念践行过程中出现的问题。

4.2.2 目标

标准原文

企业应制定安全生产中长期目标和年度目标，提高安全生产绩效，保持和持续改进安全生产管理体系。

目标应遵循定性与定量、过程与结果相结合的原则，制定时考虑：

4 总体要求

a）政策法规及监管监察要求；
b）行业发展特点及趋势；
c）安全理念；
d）风险隐患管控要求；
e）以往安全生产绩效。

应将安全生产目标纳入绩效评价，明确完成安全生产目标的工作任务、责任分工、资源保障和完成时限，定期对目标及工作任务完成情况进行跟踪、分析和考核。

📝 标准溯源

➡ 《中央企业安全生产监督管理办法》（2024年修订）

第二十七条　中央企业应当建立安全生产考核和奖惩机制。按年度签订覆盖各层级各部门的安全生产责任书，确保横向到边、纵向到底；明确安全生产职责和年度安全生产重点工作目标任务；开展责任书交底，并进行过程指导、督促，年终对职责履行情况、目标任务完成情况等进行考核，保证全员安全生产责任制的落实。……

➡ 《职业健康安全管理体系　要求及使用指南》（GB/T 45001—2020）

6.2.1　职业健康安全目标

组织应在相关职能和层次上制定职业健康安全目标，以保持和持续改进职业健康安全管理体系和职业健康安全绩效（见10.3）。……

➡ 《企业安全生产标准化基本规范》（GB/T 33000—2016）

5.1.1　目标

企业应根据自身安全生产实际，制定文件化的总体和年度安全生产与职业卫生目标，并纳入企业总体生产经营目标。明确目标的制定、分解、实施、检查、考核等环节要求，并按照所属基层单位和部门在生产经营活动中所承担的职能，将目标分解为指标，确保落实。

企业应定期对安全生产与职业卫生目标、指标实施情况进行评估和考核，并结合实际及时进行调整。

标准要义

安全生产目标是在特定环境和条件下,为保护人身安全和财产安全,制定的"要实现的安全生产结果"。安全生产目标是企业和个人进行安全管理和风险控制的基础,通过设立合理的安全生产目标,企业能够系统性地规划和管理安全生产工作,将安全责任层层落实,形成全员参与、齐抓共管的安全生产格局。这些目标促使企业不断改善生产条件,提升安全管理水平,有效预防和减少生产安全事故的发生。

实施要点

1. 目标制定

企业要制定安全生产中长期目标和年度安全生产目标。制定安全生产目标时应遵循可靠性、可行性、可比性的原则,并可转化为安全生产管理体系绩效指标。

中长期安全生产目标须与集团公司的战略要求相适应,可结合安全生产重点工作设定分项目标。中长期目标要包括安全生产的现状以及存在的问题、安全生产面临的形势与挑战、指导思想、基本原则、规划目标、主要任务、重点工程和保障措施等内容。

年度安全生产目标要参考安全生产规划中的主要任务和工作重点,国家、行业发布的关于下一年度的工作部署和要求,上一年度发生的生产安全事故和暴露的问题,以及自身安全生产经营需求等。年度目标应包括指导思想、工作目标、重点工作等内容,通常以1号文件下发。

2. 目标分解和落实

子(分)公司和基层单位要对集团公司的安全生产目标进行逐级细化分解,结合生产经营实际,确定本单位安全生产目标,并制定落实目标的工作计划和行动方案,明确责任单位、责任部门、责任人、具体措施、完成时限等。

3. 监督考核

企业要明确安全生产目标的绩效考核要求,制定考核标准。各级安全监察部门每季度要至少对安全生产目标及工作任务完成情况进行检查考评,并对完成情况进行统计、分析、评价,提出改进意见,以指导制定下一阶段的安全生产目标。每年对安全生产目标完成情况进行考核兑现。

4.3 领导作用

4.3.1 安全领导力

> **标准原文**

> 企业应开展各级领导的安全履职能力建设，增强学习本领，提升各级领导的决断力、执行力和影响力，包括：
> a）践行安全理念；
> b）履行安全承诺；
> c）发挥表率作用；
> d）提供资源保障；
> e）开展人文关怀；
> f）管控风险隐患；
> g）科学应急处置。
> 应按规定设置安全生产总监，负责监管、协调安全生产各项工作。
> 各级领导应深入现场一线，按规定带班值班，了解现场情况，解决实际问题。

> **标准溯源**

➡《中华人民共和国安全生产法》（2021 年修订）

第五条 生产经营单位的主要负责人是本单位安全生产第一责任人，对本单位的安全生产工作全面负责。……

➡《中央企业安全生产监督管理办法》（2024 年修订）

第八条 第一类中央企业、涉矿中央企业集团总部应配备专职安全生产总监，所属安全风险高的企业应全面推行专职安全生产总监制度。第二、三类中央企业所属安全风险较高的企业应参照配备专职安全生产总监。……

➡《职业健康安全管理体系 要求及使用指南》（GB/T 45001—2020）

5.1 规定了最高管理者证实其在职业健康安全管理体系方面的领导作用和承诺的方式。

A.5.1 规定了组织最高管理者的领导作用和承诺（包括意识、响应、积极的支持和反馈）是职业健康安全管理体系成功并实现其预期结果的关键，为此，最高管理者负有亲自参与或指导的特定职责。

→ 《化工过程安全管理导则》（AQ/T 3034—2022）

4.1规定了企业安全领导力主要指企业各级负责人对安全生产工作的领导能力，核心是企业主要负责人的领导能力；还规定了企业主要负责人展现领导力的要求。

标准要义

安全领导力是企业领导者充分利用人力、物力、财力等资源，带领组织或团队实现安全生产目标的综合素质能力，是责任感、学习能力、决断力、执行力、影响力的统一。具体表现为领导者应具备的安全知识和实践经验，并通过领导艺术和技巧激发从业人员的积极性和参与度。

具备强有力安全领导力的企业，能够自上而下地树立安全价值观，使每位从业人员将安全视为首要任务。通过各级领导的示范引领，激发从业人员安全防范的内生动力，使其自觉规范安全行为，有效推动安全管理规章制度的落地执行。同时，安全领导力还强调持续改进和学习，鼓励从业人员提出安全改进建议，形成全员参与、共筑安全防线的良好氛围。因此，加强安全领导力建设，发挥各级领导在企业安全生产的示范带动作用，可显著提升企业的安全管理水平。

实施要点

1. 加强安全领导力建设

企业要以安全履职内容为基础，强化各级领导的安全领导力建设。各级领导要通过理论学习增强安全领导力，深入学习习近平总书记关于安全生产重要论述和重要指示批示精神，持续学习安全生产法律法规、标准规范和政策文件，国内外先进的安全管理方法和优秀做法，安全生产典型事故案例，应急处置的相关理论和实践知识，生产经营业务方面的专业知识，不断提高自身安全管理专业素养，形成全局性谋划、整体性推进安全生产工作的思想方法。各级领导要通过管理实践增强安全领导力，要践行安全理念、履行安全承诺、发挥表率作用、提供资源保障、开展人文关怀、管控风险隐患、科学应急处置，不断提升决断力、执行力和影响力。

2. 落实"三现"要求

各级领导要认真贯彻落实"三现"（现场、现实、现在）要求，按规定带班值班，深入一线了解现场安全生产管理情况，组织或参与特殊时期、关键区域、重点部位、重要设备设施的安全检查，倾听从业人员关于安全生产工作的意见建议，解决实际问题，对安全生产问题早发现、早预防、早整改。

3. 发挥领导作用

各级领导应强化安全生产管理实践，坚持在干中学、学中干，正确处理安全与生产经营建设、与速度质量效益的关系，坚持把安全生产放在首要位置，严格遵守安全生产法律法规规章要求，严格落实安全生产责任，为安全生产提供有力支持和资源保障，以身作则发挥表率作用。

为强化安全生产管理，集团、子（分）公司要按规定设置安全生产总监，发挥其在安全生产监督管理工作中的总体策划、协调、监督检查等方面的作用，协助主要负责人推动安全生产管理工作和履行安全生产管理职责，帮助企业更加系统化、规范化地管理安全生产事务。

4.3.2 安全承诺

标准原文

> 主要负责人应代表企业作出书面的安全承诺，并进行公示。承诺内容应包括：
> a）遵守安全生产法律法规；
> b）落实安全生产责任；
> c）健全安全生产管理体系；
> d）保障安全生产投入；
> e）管控安全风险隐患；
> f）维护职工合法权益。
> 安全承诺兑现情况应接受从业人员和社会的监督。

标准溯源

➡ 《国务院安全生产委员会关于加强企业安全生产诚信体系建设的指导意见》（2014年）

二、加强企业安全生产诚信制度建设
（一）建立安全生产承诺制度。
重点承诺内容：一是严格执行安全生产、职业病防治、消防等各项法律法规、标准规范，绝不非法违法组织生产；二是建立健全并严格落实安全生产责任制度；三是确保职工生命安全和职业健康，不违章指挥，不冒险作业，杜绝生产安全责任事故；四是加强安全生产标准化建设和建立隐患排查治理制度；五是自觉接受安全监管监察和相关部门依法检查，严格执行执法指令。

安全监管监察部门、行业主管部门要督促企业向社会和全体员工公开安全承诺，接受各方监督。企业也要结合自身特点，制定明确各个层级一直到区队班组岗位的双向安全承诺事项，并签订和公开承诺书。……

➡ 《职业健康安全管理体系　要求及使用指南》（GB/T 45001—2020）

A.5.1　领导作用和承诺

组织最高管理者的领导作用和承诺（包括意识、响应、积极的支持和反馈）是职业健康安全管理体系成功并实现其预期结果的关键，为此，最高管理者负有亲自参与或指导的特定职责。支持组织职业健康安全管理体系的文化在很大程度上取决于最高管理者，它是个体和群体的价值观、态度、管理实践、观念、能力及活动模式的产物，而这些则决定了其职业健康安全管理体系的承诺、风格和水平。……

➡ 《企业安全生产标准化基本规范》（GB/T 33000—2016）

5.2.2　规章制度

企业应建立健全安全生产和职业卫生规章制度，并征求工会及从业人员意见和建议，规范安全生产和职业卫生管理工作。企业应确保从业人员及时获取制度文本。

企业安全生产和职业卫生规章制度包括但不限于下列内容：
——目标管理；
——安全生产和职业卫生责任制；
——安全生产承诺；
……

📝 标准要义

安全承诺是指主要负责人代表企业依据安全生产履职尽责要求，作出的公开声明和书面保证。安全承诺是推动企业从"要我安全"向"我要安全"转变的有效途径，对于调动企业抓好安全生产工作的积极性和主动性、自觉履行安全生产主体责任有着重要的促进作用。

实施要点

企业主要负责人须在每年年初代表企业全体员工作出公开、书面的安全承诺。安全承诺书要在公告牌或显示屏、多媒体平台（规定的官方网站、官微平台等）、企业内部刊物杂志等信息媒介的显著位置予以公示。

安全承诺至少包括以下内容：

（1）严格执行法律法规、标准规范，绝不非法违法组织生产。

（2）落实安全生产第一责任人七项法定职责。

（3）健全安全责任体系、安全培训教育体系、安全管理监督体系、安全考核评价体系、双重预防工作机制等。

（4）为安全生产投入必需的资金、基础设施及人力资源。

（5）管控安全风险，及时消除事故隐患。

（6）维护职工合法权益。

企业主要负责人要将安全承诺兑现情况纳入年度述职内容和工作报告，通过职工代表或职工代表大会等方式，接受员工及社会监督。

4.3.3 安全决策

标准原文

企业应明确安全生产决策的事项、权责和流程。

应基于安全生产合规义务、安全风险管控等要求，运用科学的方法和手段对安全生产事项进行决策。

企业作出涉及安全生产的经营决策，应听取安全监察部门和生产业务部门的意见。

标准溯源

➡ 《中华人民共和国安全生产法》（2021年修订）

第二十六条　生产经营单位的安全生产管理机构以及安全生产管理人员应当恪尽职守，依法履行职责。

生产经营单位作出涉及安全生产的经营决策，应当听取安全生产管理机构以及安全生产管理人员的意见。

……

标准要义

安全决策是针对生产经营活动中的特定安全生产问题，从多种解决方案中作出满意的选择，以较好地达到安全目标的活动过程。通过明确安全生产决策的事项、权责和流程，依法依规进行安全决策，可确保决策内容、决策程序合法合规。同时，安全决策应注重运用科学的方法和手段进行分析、评估和预测，从多种可选方案中选择最优的结果，能够减少决策的主观性和盲目性，提高决策的科学性、准确性和有效性。此外，企业作出涉及安全生产的经营决策时听取安全监察部门和生产业务部门的意见，可为决策提供专业知识和经验的重要参考，避免片面性和主观性，使决策更加全面、客观；也能提升从业人员的主人翁意识和参与感，增强共识和凝聚力，确保决策结果能顺畅落地执行。因此，依法、合规、科学的安全决策，能够有效预防和控制生产过程中的安全风险，为企业长期稳定可持续发展奠定坚实基础。

实施要点

企业要建立安全决策机制，明确安全生产理念目标、规章制度制修订、重大安全风险隐患整改方案、事故应急预案、重大安全技术措施投入等决策事项，根据决策事项的重要程度，明确党委会、董事会、安委会、安全监察部门、业务部门的决策权责。各层级要严格按照程序进行科学决策。企业作出生产经营方面的决策时，要听取生产业务部门的意见，生产业务部门作出相关决策时，要听取安全监察部门的意见。

4.3.4 安全履职评价

标准原文

> 企业应建立主要负责人及领导班子成员安全履职评价的管理要求，明确安全履职评价的周期、标准、结果应用等内容。
>
> 主要负责人及领导班子成员应每年进行安全述职，并将其作为履职评价重要内容。
>
> 安全履职评价结果应纳入绩效评价，并作为任免、晋升、评优等重要依据。

4 总体要求

📝 标准溯源

➡️ **《中华人民共和国安全生产法》(2021年修订)**

第五条 生产经营单位的主要负责人是本单位安全生产第一责任人,对本单位的安全生产工作全面负责。其他负责人对职责范围内的安全生产工作负责。

第二十二条 生产经营单位的全员安全生产责任制应当明确各岗位的责任人员、责任范围和考核标准等内容。

生产经营单位应当建立相应的机制,加强对全员安全生产责任制落实情况的监督考核,保证全员安全生产责任制的落实。

📝 标准要义

安全履职评价是评价企业主要负责人及领导班子成员在安全管理工作中按照既定的安全标准和程序履行其职责的情况,是对其进行综合考核评价的重要依据。开展安全履职评价旨在以考核促担当、以考核促作为,促使领导干部在岗位上对安全生产履职尽责。

通过安全履职评价,有助于主要负责人及领导班子成员客观地认识自身安全履职能力的弱项与短板,及时发现并纠正工作中的不足与偏差,进而提升安全履职能力。同时,还有助于构建公平、公正、公开的激励机制,激发领导干部的积极性和创造力,形成比学赶超的良好氛围,促进领导干部安全履职能力水平的整体提升。

📝 实施要点

1. 建立安全履职评价机制

集团公司要建立安全履职评价管理制度,明确组织机构、评价对象、内容、周期、方法、结果应用等内容。

子(分)公司要制定本单位安全履职评价办法或实施细则,结合基层单位主要负责人安全记分,对基层单位主要负责人及领导班子成员开展安全履职评价工作。

2. 安全履职评价内容

安全履职评价内容包括安全管理能力评价和安全业绩评价。

安全管理能力评价至少包括学习习近平总书记关于安全生产重要论述和重要指示批示精神,熟悉安全生产法定要求、集团公司规章制度、本岗位安全责任、安全生产管理和技术专业知识，掌握重大安全风险管控、重大事故隐患排查治理、事故应急处置救援、事故调查处理等内容。

安全业绩评价至少包括执行安全生产法定要求，建立并落实本单位全员安全生产责任制，制定并实施本单位安全生产规章制度、教育培训计划和生产安全事故应急救援预案，落实安全风险分级管控和事故隐患排查治理双重预防工作，督促检查本单位安全生产工作等内容。

3. 安全履职评价实施

安全履职评价周期为每年1月1日起到12月31日止，主要负责人及领导班子成员（M10~M16）每年向职工代表大会进行安全述职。安全履职评价结果纳入年终绩效评价。

4.3.5 厂（矿）长安全记分

标准原文

> 企业应建立厂（矿）长安全记分管理要求，明确安全记分的事项、标准、考核等内容。
>
> 子（分）公司应每年将厂（矿）长安全记分结果向集团公司报备。
>
> 安全记分结果应纳入绩效评价，并作为干部晋升、岗位调整等重要依据。

标准溯源

→《关于进一步加强矿山安全生产工作的意见》（2023年）

四、强化企业主体责任

（十五）落实主要负责人责任。矿山及其上级企业主要负责人（含法定代表人、实际控制人、实际负责人）依法履行安全生产第一责任人责任，加大安全投入和安全培训力度，及时研究解决矿山安全生产重大问题。矿山企业总部应当加强下属企业监督检查，主要负责人应当定期到生产现场督促检查安全生产工作，严禁下达超能力生产计划或者经营指标。推广矿长安全生产考核记分制度。

标准要义

厂（矿）长是指企业三级生产单位主要负责人。厂（矿）长的安全记分是对厂（矿）主要负责人的安全生产管理能力和综合表现进行量化考核。

厂（矿）长作为企业的"关键少数"，在企业安全生产工作中起到重要的引领、带动、示范作用。企业实施安全记分制度，可有力推动基层单位落实安全生产第一责任人的责任。

实施要点

1. 建立安全记分机制

子（分）公司要建立厂（矿）长安全记分的管理制度，确定记分管理部门，明确记分的事项、周期、标准、考核和评价等内容。子（分）公司主要负责人全面负责厂（矿）长记分工作，业务主管部门按照"谁检查、谁考核、谁记分"的原则负责日常考核，安全监察部门负责记分台账管理工作，定期对记分情况进行通报，记分档案至少保存2个周期。

鼓励子（分）公司将安全记分扩展到厂（矿）班子成员及下级单位负责人。

2. 安全记分内容

（1）扣分事项应至少包括以下情形：

① 安全生产履职履责不到位的。

② 重大安全风险辨识管控不到位造成严重后果的。

③ 重大事故隐患排查治理不到位的。

④ 发生事故或严重事件的。

⑤ 应急处置不到位造成严重后果的。

⑥ 因管理不到位，被行业主管部门或集团公司通报、约谈的。

⑦ 安全生产标准化达标建设任务未完成的。

（2）加分事项应至少包括以下情形：

① 对安全生产作出重大贡献或解决安全生产重大问题的。

② 技术改造和科技创新成果显著的。

③ 应急抢险救援过程中有突出贡献的等。

3. 安全记分实施与应用

安全记分采用12分制，记分周期为每年1月1日起到12月31日止。子（分）公司按照安全记分内容和记分标准，组织开展厂（矿）长安全记分工作，将厂（矿）长安全记分情况与综合考评挂钩，作为职务晋升、岗位调整、组织约谈等相关处理的重要依据。

子（分）公司要每年将厂（矿）长安全记分结果和考核情况向集团公司组织人事部门、安全监察部门和产业管理部门报备。

4.4 全员参与

标准原文

企业应畅通从业人员参与安全生产的渠道，鼓励从业人员参与安全生产管理。

应及时收集、答复、落实从业人员提出的安全生产建议和举报。

工会应对安全生产工作进行监督，保障从业人员参加安全生产民主管理和民主监督的权利，维护其安全生产合法权益。

标准溯源

《中华人民共和国安全生产法》（2021年修订）

第六条　生产经营单位的从业人员有依法获得安全生产保障的权利，并应当依法履行安全生产方面的义务。

第五十三条　生产经营单位的从业人员有权了解其作业场所和工作岗位存在的危险因素、防范措施及事故应急措施，有权对本单位的安全生产工作提出建议。

第五十四条　从业人员有权对本单位安全生产工作中存在的问题提出批评、检举、控告；有权拒绝违章指挥和强令冒险作业。……

《中华人民共和国工会法》（2021年修订）

第三十九条　企业、事业单位、社会组织研究经营管理和发展的重大问题应当听取工会的意见；召开会议讨论有关工资、福利、劳动安全卫生、工作时间、休息休假、女职工保护和社会保险等涉及职工切身利益的问题，必须有工会代表参加。……

《中华人民共和国劳动法》（2018年修订）

第八条　劳动者依照法律规定，通过职工大会、职工代表大会或者其他形式，参与民主管理或者就保护劳动者合法权益与用人单位进行平等协商。

《企业安全生产标准化基本规范》（GB/T 33000—2016）

5.1.3　全员参与

4 总体要求

企业应建立健全安全生产和职业卫生责任制，明确各级部门和从业人员的安全生产和职业卫生职责，并对职责的适宜性、履职情况进行定期评估和监督考核。

企业应为全员参与安全生产和职业卫生工作创造必要的条件，建立激励约束机制，鼓励从业人员积极建言献策，营造自下而上、自上而下全员重视安全生产和职业卫生的良好氛围，不断改进和提升安全生产和职业卫生管理水平。

标准要义

通过让员工充分参与到企业的安全生产工作中，研究和讨论安全生产问题，可以让员工感受到企业对其生命健康利益的关心，可增强员工参与安全生产工作的主动性、积极性和创造性，促进员工从被动地"要我安全"转为"我要安全"，从而凝聚员工智慧和力量，不断提高企业安全生产水平。

企业的一线员工直接参与日常作业活动，对现场工作环境、设备设施运转规律等有着深刻的理解，熟悉设备的操作流程，了解设备在正常状态下的表现，能够凭借专业知识和实践经验发现不安全行为、察觉设备设施异常、感知环境不良变化，快速识别出潜在的事故隐患。因此，企业要鼓励员工主动报告事故隐患、提交改进建议，积极参与安全管理活动，共同维护工作场所的安全，遏制事故苗头，防范化解安全风险。

实施要点

1. 建立员工参与机制

企业要建立有效的员工参与机制，畅通参与安全管理的渠道。子（分）公司、基层单位要明确从业人员参与风险管控、事故隐患排查治理、教育培训、应急演练、事故事件、不安全行为管控等安全生产工作的事项和范围，在履职尽责的前提下，对本单位安全生产工作中存在的问题提出优化改进建议，同时，应鼓励员工互相提醒，举报事故隐患、"三违"等问题。

员工可通过职工代表大会、安全生产专项会议、安康杯、安全生产月、主要负责人公开接待日、安全活动（如班前会、班后会）等途径参与安全生产相关工作，还可通过安全信息系统、电子邮件、信箱、电话、内部刊物投稿等方式参与企业安全生产管理。

对主动参与安全管理工作并且表现突出的员工给予荣誉称号、奖状、奖旗，记功、通令嘉奖，或给予相应物质奖励。

2. 信息处置

子（分）公司、基层单位要明确信息处置责任部门，收集和答复员工提出的安全生产建议和举报，及时处理并反馈信息处理情况，留存记录。对于可采纳的意见建议，企业应及时制定整改计划和实施方案，监督实施进展，并向员工反馈实施情况。

3. 工会作用

工会是职工自愿结合的工人阶级的群众组织，通过职工大会、职工代表大会或者其他形式，依法组织员工参加本单位安全生产工作的民主管理和民主监督，维护员工关于安全生产工作的批评、检举、控告，以及拒绝违章指挥和强令冒险作业等安全生产权益。

4.5 信息沟通

标准原文

企业应明确安全生产信息沟通的内容、范围和方式，确保安全生产信息在企业内部、外部得到及时、准确、全面的沟通和处理，并保存记录。

信息沟通可采用文件、会议、交流、培训、协商等方式开展，内容包括：

a）涉及政府、行业安全生产的外部信息；
b）上级单位的安全生产信息；
c）涉及安全生产活动的内部信息；
d）相关方的安全生产信息。

标准溯源

→《职业健康安全管理体系　要求及使用指南》（GB/T 45001—2020）

7.4规定了组织应建立、实施并保持与职业健康安全管理体系有关的内外部沟通所需的过程，包括确定沟通什么、何时沟通、与谁沟通、如何沟通，并明确了内部沟通和外部沟通的要求。

7.4.2　内部沟通

组织应：

a）就职业健康安全管理体系的相关信息在其不同层次和职能之间进行内部沟通，适当时还包括职业健康安全管理体系的变更；
b）确保其沟通过程能够使工作人员为持续改进作出贡献。

7.4.3 外部沟通

组织应按其所建立的沟通过程就职业健康安全管理体系的相关信息进行外部沟通，并必须考虑法律法规要求和其他要求。

📝 标准要义

信息沟通是信息在企业内部、外部传递的过程。加强信息沟通是确保企业安全生产、提升管理效率、促进团队协作的重要途径。在安全生产领域，信息沟通的顺畅性直接关系到风险的及时发现与有效应对。企业通过文件、会议、交流、培训、协商等方式，将安全生产相关信息及时准确地传达给各级部门和员工，对于贯彻落实最新的政策法规、强化部门间的协同合作、共同解决安全问题等具有重要意义。此外，企业通过加强与外部监管机构、行业协会等的沟通联系，可及时了解行业安全动态、政策法规变化，以便调整和完善自身的安全管理体系。因此，加强信息沟通能够增强对共同面临的安全风险的协同认知和治理能力，形成应对安全生产风险合力，紧跟安全发展趋势。

📝 实施要点

1. 明确沟通内容

信息沟通方式分为内部沟通和外部沟通。内部沟通的主要内容包括安全理念、安全目标、安全生产相关法律法规和规章制度、安全风险分级管控与事故隐患排查治理情况、事故事件、应急管理、安全生产管理体系运行与评审等信息；外部沟通的主要内容包括与各级政府、行业主管部门、上级单位、行业协会、承包商、供应商、媒体等相关方的安全生产信息。

2. 畅通沟通渠道

企业可利用数字化、信息化等手段畅通安全生产信息沟通渠道，如办公自动化（OA）系统、生产信息系统、企业官方媒体、即时通信工具等，也可通过定期召开安全生产工作会议、培训、征求意见、收集合理化建议等方式，鼓励各层级、各部门、员工间交流分享安全生产相关信息。

企业要建立与外部相关方沟通的渠道和方式，可通过参加政府交流座谈会、加入行业协会组织、联合举办研讨会、走访供应商和承包商等方式，及时获取安全生产方面的政策导向、行业动态、技术前沿等信息，学习优秀做法，分享先进成熟经验成果。

3. 保证沟通效果

企业要根据信息重要程度，明确信息接收流程、范围、响应回复时限等要求,确保安全生产信息传递和处理的及时性,推广使用数字化工具传递安全生产信息,缩短沟通时间差。沟通前要明确沟通目的和对象,避免偏离主题。信息内容要简洁明了、易于理解。涉及重大风险隐患、事故等重要安全生产信息时,还应与沟通对象进行核实确认和及时反馈。

企业要建立安全生产信息收集机制,明确相关信息收集渠道,定期追踪更新相关信息,确保信息沟通的全面性。

根据沟通事项类型,明确信息记录的要求和形式,如会议纪要、通信录音、档案记录、函件收发记录、访谈记录等。

5 基础保障

5.1 组织保障

5.1.1 安全生产委员会

标准原文

企业应建立安全生产委员会，负责统一领导和组织安全生产工作。

应定期召开安全生产委员会会议，将学习贯彻习近平总书记关于安全生产重要论述和重要指示批示精神作为"第一议题"，将事故警示案例作为必学内容。

安全生产委员会应履行以下职责：
a）学习贯彻落实各级政府、上级单位的决策部署；
b）研究审议安全生产目标、任务；
c）研究审议安全生产管理制度；
d）听取成员单位工作汇报，协调安全生产重大问题；
e）研究需挂牌督办的重大事故隐患；
f）研究安全生产绩效评价和奖惩方案。

安全生产委员会主任由主要负责人担任，设立安全生产委员会办公室，负责安全生产委员会日常工作。

标准溯源

《中央企业安全生产监督管理办法》（2024年修订）

第九条　中央企业必须建立健全安全生产的组织机构，包括：

（一）安全生产工作的领导机构——安全生产委员会（以下简称安委会），负责统一领导本企业的安全生产工作，研究决策企业安全生产的重大问题。安委会主任应当由企业安全生产第一责任人担任。安委会应当建立工作制度和例会制度。……

→《企业安全生产责任体系五落实五到位规定》(2015年)

三、必须落实安全生产组织领导机构，成立安全生产委员会，由董事长或总经理担任主任。……

→《企业安全生产标准化基本规范》(GB/T 33000—2016)

5.1.2.1 机构设置

企业应落实安全生产组织领导机构，成立安全生产委员会，并应按照有关规定设置安全生产和职业卫生管理机构。……

📝 标准要义

安全生产委员会（简称安委会）是在党组（党委）领导下，部署、指导安全生产工作，研究、协调安全生产重大问题的议事协调机构。通过发挥安委会职能，有利于压实成员单位工作责任、健全运行机制、促使安委会成员履职尽责、提高安全生产工作的执行力、促进安全生产与企业其他各项工作的同步协调进行以形成工作合力。因此，成立安委会对于协调解决安全生产工作中的重大问题、防范化解重大安全风险、提高安全生产工作的决策效率、推进企业安全发展具有重要意义。

📝 实施要点

1. 建立安委会

企业须建立安委会工作制度，明确组成成员、工作职责、会议要求。集团公司、子（分）公司及基层单位均应成立安委会。安委会主任由企业安全生产第一责任人担任，安委会成员由班子成员、安全总监、总师、总助，以及安全监察部门、生产业务部门、其他业务部门负责人等组成。基层单位还需将生产区队、车间、场站主要负责人及长期承包商负责人纳入安委会成员。

设立安委会办公室，负责安委会日常工作，督办会议决定事项落实。

2. 定期召开会议

原则上每季度至少召开一次安委会会议，特殊情况时可临时召开专题会议。根据工作及安全形势需要，可组织召开安委会扩大会议，扩大至所属下级单位有关人员。

会议内容必须将学习贯彻习近平总书记关于安全生产的重要论述和重要指示

批示精神作为"第一议题",学习贯彻落实各级政府及部门、上级单位的决策部署;研究审议安全生产目标、任务、规章制度;听取安委会办公室关于上次会议工作落实情况、存在问题、下一步工作安排等内容的汇报;听取业务部门关于上次会议工作落实情况、业务保安、安全风险分级管控、事故隐患排查治理、灾害治理等内容的汇报;研究需挂牌督办的重大事故隐患;研究制定安全生产绩效评价和奖惩方案。各类事故警示案例必须纳入学习内容。

3. 督办落实

安委会办公室须将会议纪要、安委会主任讲话等会议相关材料下发,并将会议决定事项及工作任务分解至有关单位、部门,按时间节点督办会议事项落实情况,重点关注挂牌督办的重大事故隐患整改治理落实情况。

5.1.2 安全监察部门

标准原文

> 企业应设置安全监察部门,负责安全生产工作的管理和监察,对同级业务部门安全生产责任落实情况进行考核。
>
> 应明确安全监察人员任职资格和配备数量,配齐专职安全监察人员,注册安全工程师配备符合相关要求。

标准溯源

《中华人民共和国安全生产法》(2021 年修订)

第二十四条 矿山、金属冶炼、建筑施工、运输单位和危险物品的生产、经营、储存、装卸单位,应当设置安全生产管理机构或者配备专职安全生产管理人员。……

《中央企业安全生产监督管理办法》(2024 年修订)

第五条 国务院国资委对中央企业安全生产实行分类监督管理。中央企业依据国务院国资委核定的主营业务和安全生产的风险程度分为三类:

第一类:主业从事煤炭及非煤矿山开采、建筑施工、危险物品的生产经营储运使用、交通运输、冶金、机械、电力、建材、仓储等企业。……

第九条 中央企业必须建立健全安全生产的组织机构,包括:

……

（二）与企业生产经营相适应的安全生产监督管理机构。

第一类企业应当设置负责安全生产监督管理工作的独立职能部门。

第十条 ……安全生产综合监督管理部门要发挥统筹、协调、指导和监督作用，加强考核巡查，督促各职能部门安全生产责任落实。

第十一条 中央企业专职安全生产监督管理人员的任职资格和配备数量，应当符合国家和行业的有关规定；国家和行业没有明确规定的，中央企业应当根据本企业的生产经营内容和性质、管理范围、管理跨度等配备专职安全生产监督管理人员。……

标准要义

企业通过独立设置安全监察部门，对安全生产状况进行经常性检查，及时排查事故隐患，督促落实问题整改措施，提出改进安全生产管理建议等，以确保国家安全生产方针政策、法律法规和上级安全生产工作要求得到贯彻落实。将安全监察部门作为独立部门设置，能保障监察人员不受干扰地深入一线，对生产现场定期或不定期地开展全面、专业、细致的安全管理监督检查工作，保证管理监督的公正性、客观性和有效性。

实施要点

1. 安全监察部门及人员

生产型子（分）公司及基层单位应设置独立的安全监察部门，非生产型子（分）公司及基层单位应设立专职安全监察人员。

根据国家、行业、企业的任职资格和配备数量规定配备专职安全监察人员，优先将责任心强、懂法规、懂政策、懂技术、懂安全、懂管理的人员选配到安全监察管理岗位。

企业需明确注册安全工程师管理要求，鼓励安全生产管理人员考取注册安全工程师职业资格证书，落实注册安全工程师取证奖励和履职津贴，提高安全生产管理人员持证率。原则上新聘用的专职安全监察人员应具备注册安全工程师职业资格证书。

2. 安全监察部门职责

安全监察部门应履行落实安全生产方针政策、了解安全生产状态、组织开展事故隐患排查治理、事故应急救援和调查处理、参与制定安全生产管理制度及计划规划、统计分析生产安全事故、定期报告安全生产工作等职责，统筹做好企业安全生产监督管理工作。

在安委会统一领导下，安全监察部门每季度至少开展一次对同级业务部门的考核，并将考核结果纳入绩效评价，重点考核集团公司年度1号文件、安全生产责任制、业务保安责任、重大灾害（风险）管控、事故隐患排查治理等的落实情况。

安全监察部门要经常检查下级单位安全生产状况及安全生产主体责任落实情况，并对发现的问题督促整改。

5.1.3 业务部门

标准原文

> 企业应按规定设置业务部门，根据行业有关规定配齐专业技术管理人员。
> 生产业务部门应将安全生产工作融入各项业务的决策、执行和监督的全过程，履行业务保安职责，组织开展安全风险管控和事故隐患排查治理等工作。
> 其他业务部门应按职责为安全生产工作提供支撑和保障。

标准溯源

《中华人民共和国安全生产法》（2021年修订）

第三条 ……安全生产工作实行管行业必须管安全、管业务必须管安全、管生产经营必须管安全，强化和落实生产经营单位主体责任与政府监管责任，建立生产经营单位负责、职工参与、政府监管、行业自律和社会监督的机制。……

《中央企业安全生产监督管理办法》（2024年修订）

第十条 中央企业应当按照"谁主管谁负责"原则，明确各职能部门的具体安全生产管理职责；各职能部门应当将安全生产管理职责分解到相应岗位，实行"一岗双责"。……

标准要义

2013年7月18日，习近平总书记在中央政治局第28次常委会上就安全生产工作强调，落实安全生产责任制，要落实行业主管部门直接监管、安全监管部门综合监管、地方政府属地监管，坚持管行业必须管安全，管业务必须管安全，管生产必须管安全。"三管三必须"是界定部门安全生产责任的重要原则，明确了安全生产工作不只是安全监管部门的责任，还需要各层级、各部门之间齐抓共管、通力合作。

业务部门是企业中直接组织实施安全生产业务、技术服务支撑和保障资源配置的组织机构，按业务性质划分为生产业务部门与其他业务部门两大类。生产业务部门是指负责生产运行、生产（工艺）技术、维护维修、调度指挥（应急）、工程建设等与企业生产经营直接相关业务的机构；其他业务部门是指负责党建（宣传、统战、巡视、团委等）、工会、综合（企业法律事务、后勤）、纪检、审计、组织（人力资源）、财务、采购、科技信息、计划（规划）营销等业务机构。

生产业务部门负责一线生产工作，必须履行业务保安职责，确保生产过程的安全、稳定，其他业务部门负责为安全生产工作提供支撑和保障。生产业务部门和其他业务部门协同参与安全生产管理工作，形成安全生产管控合力，保障企业安全生产管理体系正常运行。

实施要点

1. 部门设置

企业要根据法律法规和上级单位要求，设置业务部门，落实安全生产责任制与业务分工要求。

按照行业规定及职责分工设置生产业务部门，如煤炭企业要有负责生产技术、通风、机电运输、地质测量、防治水、调度应急等工作的生产业务部门，煤（岩）与瓦斯（二氧化碳）突出、高瓦斯、冲击地压、煤层容易自燃、水文地质类型复杂和极复杂的煤矿，还需设立专门防治机构。

同时按规定设置经营、规划、财务、人事、党建、工会等其他业务部门，为安全生产工作提供支撑和保障。

2. 人员配备

企业要围绕业务部门职责范围和安全生产任务需求，按照行业有关规定和企业实际生产规模配齐专业技术管理人员。

生产业务部门应配备满足安全生产运行管理要求、涵盖各专业各工艺的专业技术管理人员，其中行业有相关规定的，应按规定配备专职专业技术管理人员，如煤炭行业的煤（岩）与瓦斯（二氧化碳）突出、高瓦斯、冲击地压、煤层容易自燃、水文地质类型复杂和极复杂的煤矿应配备专职副总工程师及专职专业技术管理人员。

3. 部门作用

业务部门要按照"三管三必须"要求将安全责任与业务工作同部署、同落实、同检查、同考核，其中生产业务部门按业务范围在规章制度标准的制定与落

5 基础保障

实、重大灾害防治、项目建设、安全风险分级管控、事故隐患排查治理、突发事件应急处置、技术创新推广等方面发挥作用；其他业务部门按职责范围在战略规划、资金投入、人才培养、宣传教育等方面为安全生产提供支持保障工作。

5.1.4 专业服务机构

> **标准原文**

> 企业应根据实际需求，依托高等院校、科研机构、行业协会等内外部单位，建立专业安全生产技术服务机构或专家团队，提供安全生产支持和服务。

> **标准溯源**

➢ **《中央企业安全生产监督管理办法》（2024年修订）**

第二十六条 中央企业应当坚持监督管理和指导服务并重，结合工作实际，建强安全生产专业支撑团队，建立安全生产专家库，为所属企业安全生产日常管理提供指导服务和技术支持。应当以安全生产专家为主体，建立常态化安全生产明查暗访制度，提高检查的针对性和有效性。

> **标准要义**

在企业生产经营活动中，可能会遇到专业性强、涉及领域广的疑难复杂安全问题，受专业知识不足、资源有限、视角局限、时间紧迫等因素的影响，仅靠企业自身力量难以快速有效解决。因此需要建立专业安全生产技术服务机构或组建专家团队，帮助指导解决安全生产实际难题。

专业技术服务机构能够融合多方技术及资源开展技术攻关，促进企业在安全生产科技创新、技术应用深化、智慧安全管理等方面不断取得突破。专家团队能够在企业安全咨询、检查、决策等活动中提供智力支持，对安全生产疑难杂症"把脉问诊"，提供解决方案。

> **实施要点**

企业要依托本领域内专业技术雄厚的高等院校、科研院所、行业协会等内外部单位，建立专业安全生产技术服务机构，组建专业知识深厚、实践经验丰富、专业覆盖全面的专家团队，提供安全生产支持和服务。

要明确专业服务机构设立、人员配置、运行管理、服务规范及监督管理等要求，保证机构的高效运行和服务质量。要集中管理企业内部专家及外部专家，明确专家资格认定、聘用管理、专家待遇、考核激励、动态更新等要求。

5.1.5 班组

标准原文

> 企业应加强班组建设，开展安全品牌班组创建活动，创建金牌班组，并定期考评，发挥班组在安全生产中的基础支撑作用。
>
> 应建立班组长的选聘、使用、培养、考核、激励和退出机制，提高班组长的综合素质与能力。

标准溯源

⇨《关于加强班组建设的指导意见》（2010 年发布）

《关于加强班组建设的指导意见》从"班组建设的总体要求和目标任务，班组建设应遵循的原则，全面提升班组管理水平，注重提高班组成员素质，切实抓好班组安全生产，广泛开展班组竞赛，不断完善班组民主管理，进一步加强班组思想工作，选拔、培养好班组长，加强对班组建设工作的指导"十个方面提出工作要求。

标准要义

班组是企业中最基层的组织，承担着战略执行、管理落实、保安兴安、创新创效、文化落地等一系列重任。加强班组建设有利于充分凝聚职工思想、充分保障安全生产、充分激发创新潜能、充分强化技术技能、充分提升治理水平，是夯实企业基础管理、推动企业高质量发展的重要措施和重要途径。

班组长作为班组的领头羊，在安全生产各项工作中起到"模范带头"作用。选配优秀职工担任班组长，能充分发挥调动从业人员积极性、主动性和创造性，增强班组凝聚力、创新力、执行力和战斗力，更好地完成各项生产任务，为企业安全稳定发展奠定坚实基础。

实施要点

1. 建立制度

企业要建立班组建设管理机制，明确班组建设的责任划分、工作目标、主要内容和考评标准,并定期开展检查考评。要结合实际情况明确班组建设的主管部门,对班组建设进行统筹管理,子(分)公司对所辖班组建设工作进行总体策划、组织协调和检查考评,基层单位制定班组建设工作规划和实施细则。

2. 开展班组建设

基层单位根据"学习型、安全型、创新型、精益型、和谐型"金牌班组建设要求,开展班组建设,围绕夯实安全管理基础、提高全员安全素养、加强安全文化建设,创建安全品牌班组。企业要及时总结提炼班组建设典型经验做法和成果,适时召开班组建设座谈会和经验交流会,不断吸收经验,修改完善班组建设方案。

企业要选配管理能力、专业技能、创新能力、学习能力突出的优秀职工担任班组长,并通过组织开展培训、参与行业内外学习交流活动、设立激励机制等手段,全面提升班组长的综合素质和能力。建立绩效考核机制,根据班组长的工作表现和成果进行考核,激发其工作积极性和创造力。

5.2 责任保障

标准原文

> 企业应建立全员安全生产责任制,明确各层级、各岗位人员的责任范围和考核标准等内容,实行清单制管理,并按要求进行培训和公示。责任制内容应简明扼要、清晰明确、便于操作、适时更新。
>
> 应定期对全员安全生产责任制履行情况进行考核评价,促进全员安全生产责任落实。
>
> 应明确安全生产责任追究的情形和流程,开展责任追究。

标准溯源

➔《中华人民共和国安全生产法》(2021年修订)

第二十二条 生产经营单位的全员安全生产责任制应当明确各岗位的责任人员、责任范围和考核标准等内容。生产经营单位应当建立相应的机制,加强对全员安全生产责任制落实情况的监督考核,保证全员安全生产责任制的落实。

➔《中央企业安全生产监督管理办法》(2024年修订)

第六条 中央企业是安全生产的责任主体,安全生产工作坚持中国共产党的领导，必须贯彻落实国家安全生产方针政策及有关法律法规、标准，按照"管行业必须管安全、管业务必须管安全、管生产经营必须管安全"的原则，逐级建立健全全员安全生产责任制。

第七条 中央企业应当按照以下规定建立以企业主要负责人为核心的安全生产领导负责制，中央企业董事长、总经理同为本企业安全生产第一责任人，对企业安全生产工作全面负责，其他领导班子成员对分管范围内的安全生产工作负责。……

标准要义

全员安全生产责任制是根据企业岗位的性质、特点和具体工作内容，明确所有层级、各类岗位从业人员的安全生产责任，贯彻实施安全生产法律法规和相关标准要求的工作机制。

全员安全生产责任制是企业岗位责任制的细化，是安全生产管理的基本核心制度。落实企业主体责任，需要夯实从主要负责人到基层一线从业人员的安全责任，建立健全全员安全生产责任制。只有明确责任体系划分，建立安全生产工作"层层负责、人人有责、各负其责"的工作体系并实现有效运转，才能真正解决好安全责任传递"上热、中温、下凉"问题。同时，通过绩效考核等方式加强对全员安全生产责任制落实情况的考核管理，是将全员安全生产责任制落到实处的关键。

实施要点

1. 知责明责

企业须建立覆盖所有组织和岗位，涵盖从主要负责人到一线从业人员（含劳务派遣人员、承包商等）的安全生产责任制，明确各层级、各岗位人员的责任内容、范围和考核标准等内容，实行"一岗一清单"管理，内容应简明扼要、清晰明确、便于操作、适时更新。安全生产责任制应经审批后下发，当法定要求、安全管理制度、业务分工、责任范围等发生变化或岗位调整时，及时对安全生产责任制进行修订更新。

企业可利用网站、微信公众号、公告栏等方式对全员安全生产责任制进行长期公示，公示内容包括：所有层级、所有岗位的安全生产责任、安全生产责任范围、安全生产责任考核标准等。

企业要将全员安全生产责任制纳入安全生产年度培训计划，并对培训效果进行检查。

5 基础保障

2. 履职尽责

企业要建立完善全员安全生产责任制考核机制，明确安全监察部门负责全员安全生产责任制的监督和考核工作，促进全员安全生产责任落实。

以责任清单为依据，采取分层、分级的形式开展安全生产责任制考核，考核周期应按照各层级、各岗位性质确定，可按年度、月度组织考核。

将考核结果纳入绩效管理，并将考核结果作为岗位调整、评先树优、表彰奖励、职级晋升等的重要依据。

3. 失职追责

企业通过建立纵向逐级监察、横向同级监督、覆盖全员的安全生产责任追究机制，明确工作职责、追究情形、工作程序、责任认定、处理标准等内容。

对责任不落实、不作为造成重大影响或引发事故的应进行责任追究；责任追究工作应追根溯源、全方位全链条追究。

5.3 合规保障

标准原文

企业应建立安全生产合规管理要求，明确获取、识别、转化、评价等内容。

应及时获取适用的安全生产相关法律、法规、规章、标准和规范性文件等法定要求，建立清单和文本数据库，并更新。

应识别安全生产合规义务，及时转化为管理制度、规程标准等内部要求，并对从业人员进行培训。

应定期开展安全生产合规评价，及时采取措施，防控合规风险。当法定要求或企业内部发生重大变化时，应重新进行评价。

标准溯源

➡ 《中华人民共和国安全生产法》（2021年修订）

第四条　生产经营单位必须遵守本法和其他有关安全生产的法律、法规，加强安全生产管理，……

➡ 《中华人民共和国公司法》（2023年修订）

第一百七十七条　国家出资公司应当依法建立健全内部监督管理和风险控制

制度，加强内部合规管理。

➡ 《中央企业合规管理办法》（2022年）

《中央企业合规管理办法》对中央企业合规管理的"组织和职责、制度建设、运行机制、合规文化、信息化建设、监督问责"等作出了详细规定。

标准要义

安全生产合规是指企业生产经营活动符合国家、行业和地方关于安全生产的法律法规、标准规范以及企业内部的安全生产管理制度和规定。企业通过开展安全生产合规工作，一方面可确保安全生产工作始终适应最新安全生产法定要求，满足当前安全生产形势需要；另一方面可规范从业人员安全行为，确保生产活动在安全有序的状态下进行，从而保障从业人员的人身财产安全。

企业将安全生产法定要求转化为管理制度、规程标准等内容时，要充分考虑本单位组织机构、人员能力、设备设施水平、生产作业环境等生产实际情况，避免机械式照搬照抄，确保各项规章制度的适用性、可操作性。

实施要点

1. 建立制度

企业要建立健全安全生产合规管理制度，按照"管业务必须管合规"要求，明确组织职责、管理重点等内容。各业务部门承担本业务领域、本职责范围内合规管理主体责任，负责落实本部门业务领域的安全生产相关法律、法规、规章、标准和规范性文件等法定要求的获取、识别、转化、评价工作。

2. 获取法定要求

企业要建立获取安全生产相关法律、法规、规章、标准和规范性文件等法定要求的有效途径，明确获取流程，建立并及时更新法定要求清单和文本数据库，确保获取法定要求的全面性、及时性和适用性。

3. 识别适用条款

企业根据获取的安全生产法定要求清单和文本数据库，结合安全生产实际识别适用条款，重点识别新发布、新实施和新修订的安全生产法定要求，建立适用条款清单。

4. 成果转化应用

企业要将识别出的适用条款转化为企业的安全生产管理规章制度和规程标准，及时补充、更正、修订，并按规定发布实施。修订后及时开展相关人员培训

5 基础保障

教育工作。

5. 开展合规评价

企业每年至少开展一次安全生产合规评价，形成评价报告。对不合规情况需制定纠正措施并落实跟踪整改。当企业组织机构发生重大调整或法律法规等发生重大变化时，应重新开展合规评价。

5.4 制度保障

5.4.1 文件管理

标准原文

> 企业应明确安全生产相关文件的起草、审批、发布、使用、修订、归档、废止等管理要求，文件包括：
> a）安全生产管理相关的议事规则、规定、办法、制度、细则、指导意见、指引等；
> b）安全生产技术相关的规程、标准、图纸、清单、应急预案等；
> c）安全生产相关记录等。
> 应定期对文件适用性、有效性和执行情况进行评审，保持有效状态、及时更新，并确保从业人员及时获取。
> 宜采用电子媒介方式保存文件。

标准溯源

⇨ 《企业档案管理规定》（2023 年修订）

《企业档案管理规定》对企业档案管理的"机构和人员，设施设备，文件材料的形成、收集、整理与归档，档案的保管、保护、鉴定与处置，档案的利用、开发、统计与移交，档案信息化建设，监督管理，奖励与处罚"等作了详细规定。

⇨ 《企业安全生产标准化基本规范》（GB/T 33000—2016）

5.2.4.1 记录管理

企业应建立文件和记录管理制度，明确安全生产和职业卫生规章制度、操作规程的编制、评审、发布、使用、修订、作废以及文件和记录管理的职责、程序和要求。

企业应建立健全主要安全生产和职业卫生过程与结果的记录，并建立和保存有关记录的电子档案，支持查询和检索，便于自身管理使用和行业主管部门调取检查。

5.2.4.2 评估

企业应每年至少评估一次安全生产和职业卫生法律法规、标准规范、规章制度、操作规程的适宜性、有效性和执行情况。

5.2.4.3 修订

企业应根据评估结果、安全检查情况、自评结果、评审情况、事故情况等，及时修订安全生产和职业卫生规章制度、操作规程。

标准要义

文件管理是企业安全生产标准化的重要组成部分，是对企业内部或外部产生的各种记录、规范、程序文件、图样、报告、标准等进行起草、审批、发布、使用、修订、归档、废止的一系列活动。这些活动旨在确保文件的安全性、准确性、完整性、合规性和可追溯性，为企业安全生产工作提供准确依据，确保安全生产管理体系有效运行。

若文件管理失控，可能会产生安全管理制度缺乏系统性、完整性和时效性等问题，导致安全风险上升、事故隐患增加、管理出现漏洞、应急响应能力不足，严重影响企业的生产安全及运营稳定性。因此，规范文件管理对维护企业安全生产秩序、预防事故发生具有重要意义。

实施要点

1. 建立制度

企业可单独建立文件管理制度或应在其他制度中明确文件管理要求，包括文件起草、审批、印发、执行、修订与废止等全过程管控要求。

2. 起草与审批

各部门依据业务分工及职责范围，起草安全生产相关文件，充分征求各相关部门的意见，修改完善后形成会签稿并正式发送至各相关部门会签，各审核会签部门应及时提出会签意见，文件起草部门对文稿再次完善后形成报审稿，按程序报送审批。

3. 发布与使用

发布的文件应包含编码、版本、必要的标注等信息，起草单位及时将文件电子文档录入信息系统，对文件进行宣贯，对相关人员进行培训，并对执行情况进行监督和检查。

4. 评审、修订与废止

起草单位要适时对文件执行效果进行跟踪，根据客观情况变化和施行中发现的问题组织评审及修订。

法律事务部门根据需要适时组织文件"立改废"工作，会同起草单位对文件进行清理，明确其有效状态，需废止的及时废止。

5. 归档

企业要明确文件类型、格式、内容及附件、标识、保存形式等归档要求。宜采用电子媒介方式保存文件。

5.4.2 管理制度

> 📝 **标准原文**

> 企业应建立健全安全生产管理制度。制定时考虑：
> a）安全生产法定要求；
> b）上级单位各项安全生产管理要求；
> c）本企业安全生产实际。

> 📝 **标准溯源**

➡ 《中华人民共和国安全生产法》（2021年修订）

第二十一条　生产经营单位的主要负责人对本单位安全生产工作负有下列职责：……（二）组织制定并实施本单位安全生产规章制度和操作规程；……

第二十五条　生产经营单位的安全生产管理机构以及安全生产管理人员履行下列职责：（一）组织或者参与拟订本单位安全生产规章制度、操作规程和生产安全事故应急救援预案；……

➡ 《企业安全生产标准化基本规范》（GB/T 33000—2016）

5.2.2　规章制度

企业应建立健全安全生产和职业卫生规章制度，并征求工会及从业人员意见和建议，规范安全生产和职业卫生管理工作。

企业应确保从业人员及时获取制度文本。……

标准要义

安全生产管理制度是企业为了贯彻国家有关法律法规、规章、国家标准、行业标准以及安全方针和政策，结合自身生产经营范围、性质、内容及危险程度等制定的一系列规范性文件。建立健全安全生产管理制度是确保生产经营活动安全规范有序开展，保障从业人员生命财产安全的重要措施。

实施要点

企业要根据安全生产实际情况，建立健全安全生产管理制度，涵盖本安全生产管理体系全要素。其中安全生产管理体系中描述为"建立……等要求"的，应单独建立制度，描述为"明确……等要求"的，可单独建立制度或在其他制度中体现相关内容。

安全生产管理制度发布前须征求相关部门意见，组织开展审核会签，确保制度中涉及的各部门职责界限清晰、制度间衔接配套，避免管理制度存在模糊、矛盾、重复、遗漏等问题。

5.4.3 规程标准

标准原文

> 企业应建立健全操作规程和作业标准。制定时考虑：
> a）安全生产法定要求；
> b）工艺技术、作业任务、设备设施的特点与工作质量要求；
> c）危险源辨识和风险评估结果；
> d）发生过的事故事件。
> 在新工艺、新技术、新材料、新设备投入使用前，应组织制定或修订相应的规程标准。

标准溯源

→ 《中华人民共和国安全生产法》（2021年修订）

第二十一条 生产经营单位的主要负责人对本单位安全生产工作负有下列职责：……（二）组织制定并实施本单位安全生产规章制度和操作规程；……

5 基 础 保 障

第二十五条　生产经营单位的安全生产管理机构以及安全生产管理人员履行下列职责：（一）组织或者参与拟订本单位安全生产规章制度、操作规程和生产安全事故应急救援预案；……

➡ **《企业安全生产标准化基本规范》(GB/T 33000—2016)**

5.2.3　操作规程

企业应按照有关规定，结合本企业生产工艺、作业任务特点以及岗位作业安全风险与职业病防护要求，编制齐全适用的岗位安全生产和职业卫生操作规程，发放到相关岗位员工，并严格执行。

企业应确保从业人员参与岗位安全生产和职业卫生操作规程的编制和修订工作。

企业应在新技术、新材料、新工艺、新设备设施投入使用前，组织制修订相应的安全生产和职业卫生操作规程，确保其适宜性和有效性。

📝 **标准要义**

规程标准是为了规范和指导企业安全生产作业而制定的规范性文件，一般包含风险分析、操作步骤、作业标准、注意事项、防护要求和应急措施等内容。

企业要详细制定规程标准，确保生产作业过程中的每一步都遵循安全、高效、标准化的原则，为作业人员提供清晰指导，减少操作失误和违章行为的风险，从而预防事故发生。

📝 **实施要点**

企业依据安全生产法定要求，结合工艺技术、作业任务、设备设施的特点与工作质量要求，应用危险源辨识和风险评估结果，吸取过往事故事件教训，编制规程标准，确保其可操作性和可执行性。编写规程标准时宜使用通俗易懂的语言，避免使用过多复杂词汇；可将操作过程分解为简明扼要、具体清晰的步骤；对于疑难复杂环节采用流程图、照片、图示等直观方式展示；尽可能将规程标准中的要求量化为具体的指标或参数。鼓励从业人员在生产作业过程中及时发现规程标准中存在的问题，并提出修改意见和建议。

新工艺、新技术、新材料、新设备投入使用前，须组织制定或修订相应的规程标准。

5.5 科技保障

📝 标准原文

> 企业应坚持科技兴安,保障安全生产科技投入,联合内外部力量,开展安全生产科学技术研究,推广应用安全生产先进技术,推进老旧设施升级改造,研究攻克安全生产技术难题,以科技赋能安全生产。

📝 标准溯源

→ 《中华人民共和国安全生产法》(2021年修订)

第十八条 国家鼓励和支持安全生产科学技术研究和安全生产先进技术的推广应用,提高安全生产水平。

→ 《关于推动安全生产科技创新的若干意见》(2016年)

深入贯彻落实习近平总书记系列重要讲话精神,牢固树立安全发展观念,大力弘扬创新驱动发展理念,全面提高安全生产科技创新能力,坚持改革创新,强化问题导向,夯实科技基础,营造良好的安全生产科技创新氛围,深入开展安全生产科技重大技术难题攻关、成果转化和推广应用,切实提升安全生产风险防控能力,为有效遏制重特大事故频发势头、促进安全生产形势持续稳定好转提供强有力的科技支撑和保障。

📝 标准要义

科技是第一生产力,以科技创新赋能安全生产是加快发展新质生产力的重要着力点。科技兴安是科技在安全生产领域的具体应用和体现,是建立安全生产长效机制的必然选择。开展安全生产科学技术研究,有助于掌握事故发展规律,研究突破事故链阻断技术,推动智能化、高精度和高稳定性的监测预警技术装备研发,解决安全生产中的共性关键技术难题,提升企业防范化解重大安全生产风险的科技支撑能力。推广应用安全生产先进技术,实施科技成果示范,有助于加快推动科技创新成果转化为现实生产力,改善和提升企业安全生产条件,持续推动安全生产治理模式向事前预防转型。推进老旧设备设施升级改造,有助于提高设备设施安全可靠水平,促进生产作业的自动化、智能化,有效降低设备因素引发

5 基础保障

的安全生产事故风险。

📝 实施要点

1. 科技保障与合作

企业要建立科技保障机制，明确研发投入政策、技术引进与合作、项目管理、创新激励等内容。将安全生产科技投入纳入年度经营计划与财务预算，在科技项目规划时，明确安全生产科技项目投入的占比。深化与高等院校、科研院所、行业协会、头部企业战略合作，面向安全生产实际需求，发挥各自优势，汇聚科技创新资源，共建科技创新平台、联合开展项目攻关、加强人才培养与交流合作，推动产学研用深度融合，助力企业安全生产科技水平向纵深发展。

2. 技术研究与创新

企业要立足安全生产实际，加强在重大灾害致灾机理、事故发生发展规律、灾害监测预警技术、应急救援技术装备等方面的基础研究及技术研发工作，着力解决制约安全生产技术提升的"卡脖子"难题。完善科技创新奖励机制，鼓励从业人员发挥主观能动性，提出安全生产技术及管理的创新改进措施，表彰优秀创新成果，激发从业人员创新热情。

强化设备设施全生命周期管理，重点开展老旧设备评估，制定升级目标，利用先进技术分批改造，对损坏、报废设备及时修复替换。对技术落后、维护成本高、功能重叠、运行效率低的设备、系统，优先进行优化简化，必要时进行更换。

3. 先进技术推广应用

企业每年组织召开先进适用技术战略研讨会，分析关键核心技术发展方向，形成年度前沿技术目录。构建先进技术试点示范体系平台，推动先进适用技术落地实施。

子（分）公司应按"一企一策"的要求编制成熟技术推广应用计划，制定完善推广应用项目安全技术措施。总结先进适用技术应用成效，提炼先进适用技术布局、遴选、试点、推广全流程典型经验。遴选一批可复制可推广的技术及管理创新典型案例，并对相关人员予以表彰奖励。组织精选行业影响力大、技术含金量高、应用成效显著的重大项目，积极申报国家级、行业级重大权威奖项，提升企业核心竞争力和行业影响力。

5.6 数智保障

📝 标准原文

　　企业应基于安全生产管理要素，建立信息化平台，具备数据实时采集、集中存储、统一管理、挖掘分析、数据集成等功能。
　　应开展智慧企业建设，应用人工智能、大数据、物联网等技术，实现安全风险隐患的智能识别、快速感知、实时监测、超前预警，在危险、繁重岗位推广应用工业机器人和智能装备，推进生产和安全管理智能化。

📝 标准溯源

⇨ **《中华人民共和国安全生产法》（2021年修订）**

第四条　生产经营单位必须……，加强安全生产标准化、信息化建设，……

⇨ **《企业安全生产标准化基本规范》（GB/T 33000—2016）**

5.1.6　安全生产信息化建设

企业应根据自身实际情况，利用信息化手段加强安全生产管理工作，开展安全生产电子台账管理、重大危险源监控、职业病危害防治、应急管理、安全风险管控和隐患自查自报、安全生产预测预警等信息系统的建设。

📝 标准要义

　　数智保障包括信息化保障与智能化保障。信息化是指以现代通信、网络、数据库技术为基础，对安全生产各要素数据进行采集、存储、处理、分析和共享，并实现数据的快速、准确传输，从而提高安全生产各项工作的效率和安全性，降低工作成本。智能化是指利用网络、大数据、物联网、云计算和人工智能等技术，模拟人类的感知、记忆、思维、学习和决策能力，对海量数据进行解析，实现安全风险隐患的智能识别、快速感知、实时监测、超前预警，降低人工判断和决策的错误率。
　　基于数智技术建设安全生产信息化平台、智慧企业，可完善安全生产数据体系，推动生产、管理与智能化深度融合，提升安全生产过程自分析、自判断、自决策和自反馈能力，实现生产模式智能化、安全管理智能化、重点风险监控智能化，从而提高安全管理效率，提升企业本质安全水平。

> 实施要点

企业要运用北斗卫星导航系统、5G、大数据、工业互联网、人工智能、物联网感知等先进技术，开展信息化平台和智慧企业建设，推动安全智能化建设，为生产过程的安全、高效、稳定运行提供数智保障。

1. 信息化平台

企业要建立信息化平台，汇集领导干部履职情况、事故隐患排查治理、安全教育培训、职业健康、承包商、事故事件、安全绩效评估等基础数据，通过大数据深度挖掘和分析，实现对人员履职能力的评估、企业风险趋势的预测预警、重要事项的跟踪提醒、相关方案及计划的自动生成等功能。

2. 智慧企业

企业积极创建和培育智慧企业。集团公司成立智慧企业创建工作领导小组，牵头总体工作，明确创建目标、创建内容及工作计划，制定智慧企业创建指南。智慧企业工作领导小组对验收通过智慧企业的单位予以表彰、授牌。

通过重点开展基础设施、技术规范和标准体系、智能感知网络、高速数据传输通道、大数据应用平台等建设工作创建智慧企业。子（分）公司、基层单位结合实际，制定本单位的智慧企业创建实施方案，明确创建时间表，落实创建阶段任务，定期开展创建评估，确保各项指标达到指南要求。

子（分）公司、基层单位在按要求做好集团公司智慧企业创建的同时，积极参加国家及行业智慧企业示范工程，为推进国家智慧企业发展发挥中央企业示范引领作用。

3. 智能化监控平台

企业要建立智能化监控平台，开展重大灾害（风险）监控、人员不安全行为监控、危险作业风险监控等工作，达到监控危险点、消除零敲碎打事故、避免群死群伤的目的。

（1）重大灾害（风险）监控。对设备状态、管理和环境变化等实时监测的关键参数进行融合分析和智能研判，提前发现异常情况，及时预警煤炭、化工、电力、运输的重大灾害风险，提供辅助决策支持。

（2）人员不安全行为监控。收集分析典型不安全行为数据，通过内置的不安全行为模型库，实现对人员的身份验证、不安全行为警告和分级预警。具备统计分析功能，生成人员行为安全管理报告。

（3）危险作业风险监控。对危险作业进行全过程智能管理和监控，对各项危险作业活动进行多维度分析与智能化统计，优化和改进危险作业管理流程，及时发现和处理潜在风险，降低事故发生概率和影响。

5.7 资金保障

标准原文

> 企业应保障安全生产资金投入，并纳入预算管理。
> 应足额提取和规范使用安全生产费用，建立管理台账。

标准溯源

《中华人民共和国安全生产法》（2021年修订）

第二十三条 生产经营单位应当具备的安全生产条件所必需的资金投入，由生产经营单位的决策机构、主要负责人或者个人经营的投资人予以保证，并对由于安全生产所必需的资金投入不足导致的后果承担责任。……

《企业安全生产费用提取和使用管理办法》（2022版）

第三条 本办法所称企业安全生产费用是指企业按照规定标准提取，在成本（费用）中列支，专门用于完善和改进企业或者项目安全生产条件的资金。

标准要义

企业通过保障安全生产资金投入，可改善劳动条件、促进安全管理、预防事故发生、有效应对与处置事故、激励科技创新、改造更新设备设施，推动新质生产力的发展。

安全生产费用属于安全生产资金的一部分，是企业按照规定标准提取，在成本（费用）中列支，专门用于完善和改进企业或者项目安全生产条件的资金。主要用于安全防护和紧急避险设施设备配置、应急救援队伍建设、安全生产宣传教育培训、安全生产责任保险、安全生产检查检测、评估评价、评审、咨询、标准化建设、应急预案制修订、应急演练等方面。

企业可通过编制预算、强化审计、绩效考核等多种手段加强资金保障，确保资金投入充足、使用合理、效益显著。

5 基础保障

实施要点

1. 安全生产资金管理

企业要建立长效的安全生产资金投入保障机制，确保安全生产费用、专项安全资金、研发费用与科技投入等安全生产资金稳定。对于亏损企业、灾害严重企业应保障其具备安全生产条件的安全生产资金投入，不应因亏损减少投入。财务部门要将安全资金投入纳入预算。

2. 安全生产费用管理

企业须建立健全安全生产费用管理制度，明确安全生产费用提取、使用、管理、监督等内容。

基层单位须按规定足额提取安全生产费用，按照国家和集团公司安全生产费用支出范围规范使用，做到专款专用。子（分）公司可根据情况，对安全生产费用进行集中管理，统筹使用。应明确不宜列入企业安全生产费用的支出。

企业要建立安全生产费用提取和使用台账，保留完整记录。

企业须编制年度安全生产费用提取和使用计划。集团和子（分）公司财务部门和安全监察部门对安全生产费用提取及使用情况进行监督、考核。企业要按规定对安全生产费用提取和使用情况进行信息披露。

5.8 文化保障

标准原文

企业应培育具有特色的安全文化，持续创新安全文化载体，营造安全氛围，践行安全理念，树牢安全价值观，为安全发展提供精神动力。

标准溯源

⇒《企业安全生产标准化基本规范》（GB/T 33000—2016）

5.1.5 安全文化建设

企业应开展安全文化建设，确立本企业的安全生产和职业病危害防治理念及行为准则，并教育、引导全体从业人员贯彻执行。

企业开展安全文化建设活动，应符合 AQ/T 9004 的规定。

→ 《企业安全文化建设导则》（AQ/T 9004—2008）

《企业安全文化建设导则》从总体要求、安全承诺、行为规范与程序、安全行为激励、安全信息传播与沟通、自主学习与改进、安全事务参与、审核与评估等方面对安全文化建设进行了详细规定。

标准要义

安全文化是企业在安全管理中倡导并付诸实践的安全价值理念，以及由此形成的被从业人员共享的安全思维方式、行为规范、制度机制和物态环境等的总和。安全文化体现了一个企业对于安全问题的认识水平、管理理念以及实践方式。

安全文化通过对人的观念、道德、伦理、态度、情感、品行等深层次人文因素的强化，利用领导、教育、宣传、奖惩、创建群体氛围等手段，不断提升人的安全理念、提高人的安全素质、规范人的安全行为，使企业全体从业人员从被动地服从管理，转变成自觉主动地按安全要求行动。通过开展安全文化创建活动，可促进企业安全管理工作规范化、制度化和科学化，推动企业安全生产主体责任落实到位，夯实安全生产基础。

企业要通过树立导向明确的安全价值观念，提出全面系统的安全管理策略和共同遵守的安全行为准则，打造规范完善的安全物态环境，形成具有系统性、科学性、实用性的安全文化体系，提高全员安全意识，遏制伤亡事故发生，促进安全文明生产，确保生产经营活动安全、稳定、高效开展。

实施要点

1. 构建安全文化

企业要充分调研安全文化与安全管理现状，从安全价值、安全管理、安全组织、安全责任、安全氛围5个维度，深入了解从业人员对安全的态度、行为习惯及现有安全管理制度的执行情况，精准识别安全文化的亮点与不足，明确未来安全文化建设目标、方向以及主要措施。

在集团公司企业文化背景下，结合安全文化评估结果，构建企业安全价值体系，涵盖安全愿景、安全使命、安全理念、安全目标、安全管理方略、安全执行力。以"大安全"管理思路为指导，有效实施价值融入、责任落实、双重预防、科技支撑、能力保障五大策略。从决策层、管理层、执行层、操作层4个层级规范安全行为准则。从系统布局、装备提升、环境规范3个方面着力打造鲜明的安全物态环境。

2. 安全文化宣贯

企业要注重营造安全文化氛围，通过设计安全文化宣传栏，张贴安全文化宣传画，制作安全文化活动横幅、安全警示标语、引导标识等宣传安全文化；收集整理基层单位优秀典型案例，通过网站、广播、宣传栏、电子屏等方式，对安全文化理念及自身特色实践持续宣传；创新传播载体，以从业人员喜闻乐见的形式传播安全文化理念。

结合实际开展形式多样、丰富多彩的安全文化建设活动，如安全知识竞赛、安全事故案例征文、安全知识辩论赛、"一班一品"班组安全文化共创营等安全活动。

鼓励企业申报全国安全文化建设示范企业，在推动企业安全文化建设发展中发挥中央企业示范引领作用。

3. 践行安全文化

企业要结合工作实际，制定安全文化建设工作具体实施方案，自主开展安全文化创新实践，形成符合本单位实际、灵活有效的特色载体和实践成果，将安全文化渗透到管理工作的各个环节，使安全文化理念逐步转化为从业人员的自觉行动。

要建立安全文化考核与反馈机制，按"整体推进、重点突破"的原则，制定科学有效、易于操作的考核标准，可结合实际采取灵活机动的考评方式，原则上至少每季度开展一次安全文化建设工作考核，并将考核结果纳入年度绩效考核。

4. 打造安全文化品牌

企业要定期总结安全文化特色实践典型经验，提炼安全文化践行模式，打造以集团公司为中心，辐射子（分）公司及基层单位的"1+N"安全文化品牌架构，更好地指导安全文化融入促进安全管理，打造在安全文化、安全管理领域的领导者品牌。

6 安全风险分级管控

6.1 一般要求

> **标准原文**

> 企业应建立安全风险分级管控的管理要求，明确以下内容：
> a）危险源辨识的范围、人员、流程与频次；
> b）风险评估的方法、分级标准和流程；
> c）风险分级管控的准则。
> 应定期开展安全风险分级管控培训，确保相关人员熟悉和掌握危险源辨识、风险评估、风险分级管控的相关知识与技能。
> 应建立并及时更新安全风险数据库，纳入信息化平台统一管理。
> 应按规定向地方政府、上级单位上报重大安全风险清单及其管控措施。

> **标准溯源**

> ➡ 《中华人民共和国安全生产法》（2021年修订）

第四十条 ……生产经营单位应当按照国家有关规定将本单位重大危险源及有关安全措施、应急措施报有关地方人民政府应急管理部门和有关部门备案。有关地方人民政府应急管理部门和有关部门应当通过相关信息系统实现信息共享。

第四十一条 生产经营单位应当建立安全风险分级管控制度，按照安全风险分级采取相应的管控措施。……

> ➡ 《中央企业安全生产监督管理办法》（2024年修订）

第十八条 中央企业应当定期开展危害辨识和风险评估。进一步完善全员参与、全过程管控的安全生产风险管控体系。建立系统、全面的辨识机制，运用科学、有效的风险评估方法,提升安全风险预判预防能力。健全安全风险分级管控制度和风险防范化解机制,按安全风险分级采取相应的管控措施,动态管理。……

➡ 《企业安全生产标准化基本规范》(GB/T 33000—2016)

5.5.1.1　安全风险辨识

企业应建立安全风险辨识管理制度,组织全员对本单位安全风险进行全面、系统的辨识。……

5.5.1.3　安全风险控制

……企业应根据安全风险评估结果及生产经营状况等,确定相应的安全风险等级,对其进行分级分类管理,实施安全风险差异化动态管理,制定并落实相应的安全风险控制措施。……

标准要义

安全风险是指发生危险事件或有害暴露的可能性,与随之引发的人身伤害、健康损害或财产损失的严重性的组合。安全风险分级管控是企业根据实际情况,对各种潜在的和现实的安全风险进行科学辨识、评估、分级和合理管控的过程。安全风险分级管控不到位,可能会引发严重的生产安全事故。2015年8月12日天津市滨海新区天津港某公司危险品仓库发生火灾爆炸事故,造成165人死亡、8人失踪、798人受伤,直接经济损失68.66亿元,事故原因之一是该公司未开展危险源辨识评估和风险评估工作。

因此,企业应贯彻落实"安全第一、预防为主、综合治理"的方针,坚持关口前移、源头管控的原则,健全安全风险分级管控机制,扎实开展危险源辨识和风险评估工作,持续强化风险控制措施,充分利用数智化手段,及时更新安全风险数据库,全面提高全员、全过程、全方位危险源辨识、风险评估、风险管控能力,构筑遏制事故发生的"第一道防线"。

实施要点

1. 安全风险分级管控制度

集团公司要建立安全风险分级管控的管理制度,明确集团公司安全生产委员会、安全监察部门、各产业管理部门、子(分)公司、基层单位的相关职责,以及危险源辨识、风险评估、风险管控、监督检查的相关要求。

子(分)公司、基层单位要结合行业要求及本单位特点,建立安全风险分级管控的管理机制，明确各岗位安全风险分级管控的具体职责和工作任务，规定危险源辨识的范围、人员、流程与频次，细化基准、专项、动态危险源辨识和风险评估工作的要求。

2. 安全风险分级管控培训

（1）年度安全风险分级管控培训。危险源辨识与风险评估前，应对参与辨识和评估的生产、技术、管理人员（含承包商）进行技术培训。主要包括危险源辨识方法、辨识范围、风险评估方法、风险评估流程、风险等级判定标准、重大安全风险控制措施的制定等内容。

（2）专项安全风险分级管控培训。在工艺或设备发生变更、"四新"应用前、事故发生后，应对相关岗位人员开展专项安全风险管控培训。主要包括辨识出的新危险源、风险等级及管控措施等内容。

（3）安全风险评估成果培训。在完成风险评估工作并形成风险概述成果后，各业务部门、基层单位应对全体从业人员开展培训。主要包括各类危险源危害因素、风险后果、风险等级、控制措施和重大安全风险管控方案等内容。

3. 安全风险数据库

子（分）公司、基层单位要根据风险评估结果，建立风险数据库，纳入信息化平台统一管理。风险数据库主要包括企业基本信息、岗位清单、作业活动风险清单、设备设施风险清单、区域风险清单、重点消防部位清单、重大安全风险管控清单。其中单项危险源辨识内容应包括所有危险源名称、分类、风险后果、风险等级、管控措施、分级管控责任单位和责任人等信息。企业要持续维护更新风险数据库并应用到安全培训、智能安全建设、监测预警、变更工艺、技术改造、事故隐患排查治理、事故事件防范、应急处置等工作，为企业安全决策提供参考。

4. 重大安全风险上报

基层单位要将本单位重大风险及其控制措施及时上报子（分）公司，子（分）公司及时上报集团公司产业管理部门和安全监察部门。子（分）公司每月对基层单位重大安全风险管控情况进行跟踪检查，及时纠正出现的问题，对违反规定的责任人追究相关责任，并将有关情况上报集团公司产业管理部门和安全监察部门。集团公司产业管理部门和安全监察部门每月对子（分）公司重大安全风险管控情况实施督办。

企业要按规定将本单位重大安全风险清单及有关安全措施、应急措施报地方人民政府。

6.2 危险源辨识

📝 标准原文

> 危险源辨识范围应覆盖企业生产经营所有活动及区域，并考虑正常、异常、紧急三种状态和过去、现在、将来三种时态。
>
> 企业应选择适宜的辨识方法，组织全员全面辨识生产系统、工艺技术、设备设施、作业环境、作业任务、人员行为等方面存在的危险源。

📝 标准溯源

➡ 《中华人民共和国安全生产法》(2021年修订)

第二十五条　生产经营单位的安全生产管理机构以及安全生产管理人员履行下列职责：……（三）组织开展危险源辨识和评估，督促落实本单位重大危险源的安全管理措施；……

➡ 《职业健康安全管理体系要求及使用指南》(GB/T 45001—2020)

6.1.2.1　危险源辨识
组织应建立、实施和保持用于持续和主动的危险源辨识的过程。……

➡ 《企业安全生产标准化基本规范》(GB/T 33000—2016)

5.5.1.1　安全风险辨识
……安全风险辨识范围应覆盖本单位的所有活动及区域，并考虑正常、异常和紧急三种状态及过去、现在和将来三种时态。安全风险辨识应采用适宜的方法和程序，且与现场实际相符。企业应对安全风险辨识资料进行统计、分析、整理和归档。

📝 标准要义

危险源是指可能导致人身伤害、健康损害、财产损失或环境破坏的根源。危险源辨识是认识危险源存在并确定其特性的过程，可分为基准危险源辨识、动态持续危险源辨识和专项危险源辨识3种类型。危险源辨识不准确、不全面、不系统会增大企业安全生产风险，增加事故事件发生概率，使安全风险管理工作陷入被动局面。2024年3月11日，安徽省淮河某集团煤矿发生一起较大瓦斯爆炸事故，造成9人死亡，15人受伤，直接经济损失1637.73万元。事故原因之一是该煤矿对采煤机截割岩石产生火花可能引燃瓦斯的风险研判不到位，未制定有效防范措施。因此，系统、持续地开展危险源辨识工作，及时采取措施加以消除或控制，可有效预防事故发生。

危险源辨识应考虑"三种时态""三种状态"。"三种时态"描述了危险源的不同阶段，是指过去时态、现在时态、将来时态。过去时态主要是评估以往残余风险的影响程度，并确定这种影响程度是否属于可接受的范围；现在时态主要是评估现有的风险控制措施是否可以使风险降低到可接受的范围；将来时态主要是评估计划实施的生产活动可能带来的风险影响程度是否在可接受的范围。"三种状态"描述了不同情况下可能存在的危险源，是指人员行为、设备设施运行等生产经营活动的正常状态、异常状态、紧急状态。生产经营活动的正常状态即正常生产活动；异常状态是指生产经营活动中人的不安全行为、设备设施故障等；紧急状态是指生产经营活动中要发生或正在发生的重大危险。

实施要点

子（分）公司、基层单位要明确危险源辨识范围、方法和流程，从"系统、区域、设备、岗位"4个维度对生产系统、工艺、设备设施、作业环境、作业任务、人员行为等方面存在的危险源进行全面辨识，并持续开展危险源辨识工作。

1. 搜集危险源辨识相关资料

开展危险源辨识前，要详细收集相关信息和资料，包括政策法规、标准规范、应急预案，设备设施、原材料、工艺方法等技术档案，以及历史重大事故隐患、事故事件、检查与评审等资料。

2. 明确危险源辨识范围

危险源辨识范围要覆盖生产经营所有场所和活动，按照"横向到边、纵向到底、不留死角"的原则全面辨识以下方面存在的危险源：

（1）人。人员方面存在的危险源，包括技能和知识不足、心理状态不佳、违章操作等。

（2）物。生产或工作过程中使用的物料、工器具和设备设施等存在的危险源，包括设备缺陷、故障、装置不当、安全防护措施不足、物料状态不稳定等。

（3）环。自然环境和作业环境存在的危险源，包括极端天气、噪声过大、通风不良、作业场所存在有毒有害物质等。

（4）管。管理体系和流程方面存在的危险源，包括制度不完善、管理疏漏、应急响应不及时、监督检查不到位等。

3. 选择危险源辨识方法

子（分）公司、基层单位要考虑行业差异性、辨识准确性、法规遵从性、持续改进等因素，选择适合的危险源辨识方法，以确保辨识结果的科学性和客观性。危险源辨识方法主要包括：

（1）通用类。安全检查表法（SCL）、头脑风暴法等。

（2）生产系统、工艺及设备方面。预先危险性分析法（PHA）、危险和操作性研究法（HAZOP）、故障类型和影响分析法（FMEA）；影响和危害性分析法（FMECA）；故障假设分析法（WI）等。

（3）作业环境方面。作业条件危险性分析法（LEC）、环境因素分析法、人机工效学评估法、物理环境检测法等。

（4）作业任务、人员行为方面。行为观察法、工作安全分析法（JSA）、主观工作负荷评价技术（SWAT）、工作危害分析法（JHA）等。

4. 开展危险源辨识工作

1）基准危险源辨识

子（分）公司的主要负责人要组织开展年度基准危险源辨识工作，组建工作小组，参与人员覆盖所有业务部门、基层单位及岗位。工作小组制定方案，明确工作职责、任务和计划安排。基层单位根据工作方案，组织全员开展生产系统、工艺、设备设施、作业环境、作业任务、人员行为等方面存在的危险源辨识工作。完成危险源辨识后，按要求对危险源进行登记，并按照设备设施、区域场所、工器具、物料、作业任务、管理活动、职业危害、消防重点部位、紧急情况及自然灾害等进行分类，形成危险源辨识清单，并定期更新。

2）动态持续危险源辨识

生产作业过程中新出现的危险源，或危险源辨识结果发生变化时，业务部门、基层单位要及时组织生产、技术及安全相关人员开展动态持续危险源辨识工作，并更新危险源辨识清单。

3）专项危险源辨识

生产系统、工艺、主要设备设施等发生重大变化时，新工艺、新技术、新材料、新设备应用前，改建、扩建工程项目施工前，或出现其他可能对安全生产造成重大影响的风险时，基层单位应抽调技术、工程、安全、生产等相关人员，成立专项危险源辨识小组，开展专项辨识工作，形成报告并组织评审。

6.3 风险评估

📝 标准原文

企业应对危险源进行风险分析,依据分级标准划定风险等级。
应每年组织开展一次风险评估,全面总结梳理风险管控效果。
当危险源辨识结果发生变化时,应重新进行风险评估。
存在以下情形时,应开展专项风险评估:
a)生产系统、工艺技术、主要设备设施等发生重大变化时;
b)新工艺、新技术、新材料、新设备应用前;
c)事故发生后;
d)其他可能对安全生产造成重大影响的。

📝 标准溯源

➡ 《关于实施遏制重特大事故工作指南构建双重预防机制的意见》(2016年)

二、着力构建企业双重预防机制
……
(二)科学评定安全风险等级。企业要对辨识出的安全风险进行分类梳理,参照《企业职工伤亡事故分类》(GB 6441—1986),综合考虑起因物、引起事故的诱导性原因、致害物、伤害方式等,确定安全风险类别。对不同类别的安全风险,采用相应的风险评估方法确定安全风险等级。安全风险评估过程要突出遏制重特大事故,高度关注暴露人群,聚焦重大危险源、劳动密集型场所、高危作业工序和受影响的人群规模。安全风险等级从高到低划分为重大风险、较大风险、一般风险和低风险,分别用红、橙、黄、蓝四种颜色标示。其中,重大安全风险应填写清单、汇总造册,按照职责范围报告属地负有安全生产监督管理职责的部门。要依据安全风险类别和等级建立企业安全风险数据库,绘制企业"红橙黄蓝"四色安全风险空间分布图。……

➡ 《企业安全生产标准化基本规范》(GB/T 33000—2016)

5.5.1.2 安全风险评估
企业应建立安全风险评估管理制度,明确安全风险评估的目的、范围、频次、准则和工作程序等。企业应选择合适的安全风险评估方法，定期对所辨识出的存在安全风险的作业活动、设备设施、物料等进行评估。在进行安全风险评估时，至少应从影响人、财产和环境三个方面的可能性和严重程度进行分析。

标准要义

风险评估是运用定性或定量方法对安全风险进行评价，确定其严重程度，评估现有控制措施的充分性、可靠性，以及对其是否可接受予以确定的过程。近年来国内发生的一些重特大生产安全事故暴露出企业对风险评估工作重视度不够、内容不全面、方法不合理、评估结果避重就轻、结果应用水平不高等突出问题。开展年度基准风险评估、动态持续风险评估、专项风险评估，可为企业制定有效的风险控制措施提供科学依据，通过不断完善风险控制措施，将风险等级控制在可接受程度，确保企业安全运行。

实施要点

1. 风险分析

企业要对辨识出的全部危险源进行风险分析，全面了解风险性质及其特征，包括可能性、后果严重性、控制措施及其有效性等，为确定风险等级做好预先工作。

2. 确定风险等级

企业要根据危险源特征，选择适合的定量或定性风险评估方法，主要包括事件树分析法（ETA）、事故树分析法（FTA）、风险矩阵分析法（LS）、保护层分析法（LOPA）等方法。根据所选取的风险评估方法对应的等级划定标准，结合企业实际控制难度及承受度，确定风险等级。风险宜分为重大、较大、一般和低等级，分别用红、橙、黄、蓝4种颜色表示。

3. 开展风险评估

子（分）公司、基层单位要每年组织开展一次风险评估。风险评估工作要与危险源辨识工作相互关联，完成基准危险源辨识、动态持续危险源辨识、专项危险源辨识后，同步开展风险分析及风险等级确定工作。风险评估结束后，更新风险数据库。当危险源辨识结果发生变化时，应重新进行风险评估。

4. 专项风险评估

子（分）公司、基层单位的生产系统、工艺、主要设备设施等发生重大变化时、"四新"应用前、改扩建工程项目施工前，或出现其他可能对安全生产造成重大影响的风险时，要开展专项风险评估。专项风险评估报告经组织评审后，相关单位应将风险管控措施纳入专项施工技术方案、管理制度或规程标准执行，并对相关岗位进行专项培训。

6.4 风险控制

6.4.1 控制措施

标准原文

> 企业应针对不同等级的安全风险，实施风险分级管控，将风险控制在可接受的程度。
> 应按消除、替代、降低、隔离、管理控制、个人防护的优先顺序，确定适宜的风险控制措施，并跟踪风险控制措施落实情况，确保其有效性。
> 风险控制措施应纳入管理制度、规程标准、应急预案等文件。

标准溯源

→《职业健康安全管理体系 要求及使用指南》(GB/T 45001—2020)

8.1.2 消除危险源和降低职业健康安全风险

组织应通过采用下列控制层级，建立、实施和保持用于消除危险源和降低职业健康安全风险的过程：
a) 消除危险源；
b) 用危险性低的过程、操作、材料或设备替代；
c) 采用工程控制和重新组织工作；
d) 采用管理控制，包括培训；
e) 使用适当的个体防护装备。

→《企业安全生产标准化基本规范》(GB/T 33000—2016)

5.5.1.3 安全风险控制

企业应选择工程技术措施、管理控制措施、个体防护措施等，对安全风险进行控制。

企业应根据安全风险评估结果及生产经营状况等，确定相应的安全风险等级，对其进行分级分类管理，实施安全风险差异化动态管理，制定并落实相应的安全风险控制措施。……

6 安全风险分级管控

📋 标准要义

风险控制是指处理风险的流程、策略、设施、操作或其他行动。企业要遵循科学、适用、有效原则，制定切实可行的风险控制措施，采取工程技术措施、管理控制措施、个体防护措施、应急处置措施等，对安全风险进行管控。要根据风险等级建立"集团公司、子（分）公司、基层单位、车间（场站、区队）"四级安全风险分级管控机制，逐级落实具体控制措施，上一级负责管控的风险，下一级必须同时负责管控，确保安全风险始终处于可接受范围内。

📋 实施要点

1. 建立安全风险分级管控机制

子（分）公司、基层单位须遵循风险越高管控层级越高的原则，对安全风险实施分级、分层管理，逐级落实安全风险管控责任。

（1）集团公司监察、指导、督促各级单位安全风险分级管控工作；研究解决集团整体安全风险分级管控工作存在的共性问题和突出问题，及时下发重大风险提示。

（2）子（分）公司组织、监督、检查、指导所属基层单位安全风险分级管控工作；审核所属基层单位上报的重大风险信息。

（3）基层单位要建立基层单位、车间（场站、区队）、班组和岗位的四级风险管控机制：

① 基层单位负责人组织落实重大安全风险的控制措施。

② 车间（场站、区队）负责人组织落实较大及以上安全风险的控制措施。

③ 班组负责人组织落实一般及以上安全风险的控制措施。

④ 生产岗位及专业技术人员落实作业区域和岗位低风险及以上安全风险的控制措施。

2. 制定风险控制措施

基层单位要结合危险源辨识和风险评估结果，充分考虑控制措施的可行性和可靠性，宜按照以下顺序制定层次化的风险控制措施：

（1）消除。直接消除危险源，如取消危险作业流程等。

（2）替代。用低风险替代高风险，如用机械化作业替代人工高危作业等。

（3）降低。改变现有生产工艺或作业方式降低风险，如加装除尘装置以降低粉尘危害。

（4）隔离。采取物理隔离将危险源与人员、环境分离，如设置屏障、隔间或使用防爆设备等方式实现隔离。

（5）管理控制。采取管理措施控制危险源，如组织保障、资源配置、人员管理等。

（6）个体防护。为降低从业人员遭受危险源危害而采取的措施，如穿戴安全鞋、防护眼镜、听力保护装备、手套等。

3. 跟踪风险控制措施落实情况

子（分）公司、基层单位要动态跟踪监督以下安全风险控制措施落实情况，及时调整安全风险控制措施。

（1）动态监控设备运行状态，开展设备消缺，完善生产控制措施。

（2）定期总结细化日常维护检修标准以及故障处理方法，完善设备设施管理措施。

（3）对排查发现的重大事故隐患进行分析，改进控制措施。

（4）收集从业人员对安全风险控制措施的反馈和建议，及时调整和改进控制措施。

（5）针对上级单位安全检查、管理评审提出的问题，系统梳理安全风险控制措施。

4. 风险控制措施应用

子（分）公司、基层单位要将专项危险源辨识对应的风险管控要求纳入专项施工技术方案、管理制度或规程标准执行，并对相关岗位进行专项培训。

要定期总结安全风险控制措施效果，为管理制度、应急预案制修订提供参考。将成熟的风险控制措施应用于完善施工设计方案、改进生产工艺、优化生产作业系统、完善标准化作业等方面。

6.4.2 风险公告

标准原文

> 企业应在适当的位置对重大安全风险进行公告，公告内容包括风险描述、管控措施、责任人员等。
>
> 应通过适宜方式对从业人员以及进入生产作业场所的其他人员进行安全风险告知，内容包括风险后果、管控措施、报告方式等。

标准溯源

➡ 《中华人民共和国安全生产法》（2021年修订）

第四十四条　生产经营单位应当……；并向从业人员如实告知作业场所和工

6 安全风险分级管控

作岗位存在的危险因素、防范措施以及事故应急措施。……

⇨ **《关于实施遏制重特大事故工作指南构建双重预防机制的意见》(2016年)**

二、着力构建企业双重预防机制

……

（四）实施安全风险公告警示。企业要建立完善安全风险公告制度，并加强风险教育和技能培训，确保管理层和每名员工都掌握安全风险的基本情况及防范、应急措施。要在醒目位置和重点区域分别设置安全风险公告栏，制作岗位安全风险告知卡，标明主要安全风险、可能引发事故隐患类别、事故后果、管控措施、应急措施及报告方式等内容。……

⇨ **《企业安全生产标准化基本规范》（GB/T 33000—2016）**

5.4.4 警示标志

……在有安全风险的工作岗位设置安全告知卡，告知从业人员本企业、本岗位主要危险有害因素、后果、事故预防及应急措施、报告电话等内容。……

5.5.1.3 安全风险控制

……企业应将安全风险评估结果及所采取的控制措施告知相关从业人员，使其熟悉工作岗位和作业环境中存在的安全风险，掌握、落实应采取的控制措施。

📝 标准要义

通过重大安全风险公告，告知从业人员和相关人员作业场所和工作岗位的危险因素、防范措施以及紧急情况下应当采取的应急措施，是企业的一项法定义务，是保障从业人员知情权的重要举措，有利于加强从业人员和相关人员对自身安全的保护能力，也有助于他们在紧急情况下采取正确的应急措施，防止事故扩大、减少事故损失。

📝 实施要点

1. 安全风险公告

子（分）公司、基层单位要通过公告栏、公告牌、电子显示屏等形式，在厂矿、场站、车间、码头、施工现场等区域入口，及存在重大安全风险的矿井、作业场所、设备设施、危险化学品存放等区域实施重大安全风险公告。宜采用"红橙黄蓝"四色安全风险空间分布图标明重大安全风险区域，并在相应场所和设备设施上设置安全警示标志。

公告内容包括风险描述、风险后果、管控措施、责任人员及报警电话等，其中涉及危险化学品生产、储存的企业，公告内容还应包含危险化学品危害因素、危害程度等。当安全风险升级或控制措施发生重大变化时，应及时更新公告内容。

子（分）公司、基层单位须按照当地政府主管部门要求进行安全风险公告，并接受社会、政府、公众监督。

2. 安全风险告知

子（分）公司、基层单位可通过安全风险告知书、安全告知卡以及播放视频、现场讲解等方式，对新入职员工（新员工、被派遣劳动者、实习学生）、在岗从业人员、其他人员（进入生产作业场所的业务客户、参观交流人员、技术服务人员等）告知安全风险。

6.4.3 监测预警

标准原文

> 企业应采用多种手段进行安全风险监测，发生异常时及时预警并处置。宜采用信息化、智能化等技术手段，提高安全风险监测、预警、处置效能。

标准溯源

▶ 《关于实施遏制重特大事故工作指南构建双重预防机制的意见》（2016年）

二、着力构建企业双重预防机制

……

（四）实施安全风险公告警示。企业要建立完善安全风险公告制度，并加强风险教育和技能培训，确保管理层和每名员工都掌握安全风险的基本情况及防范、应急措施。要在醒目位置和重点区域分别设置安全风险公告栏，制作岗位安全风险告知卡，标明主要安全风险、可能引发事故隐患类别、事故后果、管控措施、应急措施及报告方式等内容。对存在重大安全风险的工作场所和岗位，要设置明显警示标志，并强化危险源监测和预警。

▶ 《企业安全生产标准化基本规范》（GB/T 33000—2016）

5.5.4 预测预警

企业应根据生产经营状况、安全风险管理及隐患排查治理、事故等情况，运用定量或定性的安全生产预测预警技术，建立体现企业安全生产状况及发展趋势的安全生产预测预警体系。

标准要义

安全风险监测预警是利用先进的信息技术，对生产过程中可能存在的危险源进行实时监测、识别、评估和预警，使企业能够及时采取措施预防事故发生。安全风险监测预警不到位，可能导致无法及时发现事故隐患，延误应急响应时间。2024年4月5日，湖南省某矿业有限公司煤矿发生煤与瓦斯突出事故，造成4人死亡。事故主要原因是甲烷传感器未连接安全监控系统，未及时监测到甲烷浓度超限。

因此，企业要将工业互联网、云计算、大数据、物联网、视觉分析、人工智能等新技术与安全生产风险管控深度融合，快速准确地采集、传输、分析关键监测数据，提高安全风险动态监测、预警、识别、评估和处置能力，实现超前预防。

实施要点

1. 配置监测预警系统

子（分）公司、基层单位要结合行业要求及本单位特点，配置安全风险监测预警系统，明确软硬件条件、日常管理要求、数据维护职责，开展系统使用培训。

采用信息化、智能化等技术手段，采集固有风险因素的感知数据，实现人员不安全行为智能识别、设备故障智能诊断、生产环境危险因素警示、危险作业过程管理监控、易燃易爆和有毒有害气体监测、自然灾害趋势预警等风险数据的精准、快速分析，动态形成各类安全风险发展趋势模型图表。监测预警系统将生产作业过程安全风险生成预警、报警信息，系统操作管理人员要及时上报负责人，并通过控制系统和现场快速响应，组织对异常情况和重大安全风险立即采取处置措施，有效控制安全风险。

子（分）公司、基层单位要按规定定期对安全风险监测预警系统进行检测、检验，并进行经常性维护、保养，确保安全风险监测预警系统有效、可靠运行。

2. 开展风险监测预警

子（分）公司、基层单位要重点对重大危险源、重点监管的危险工艺、关键装置与要害部位和重大风险管控措施等实施监测。积极推动"互联网+安全生产"建设，实现数字化、智能化转型升级，提高安全风险监测、预警、处置效能。

6.4.4 效果评价

标准原文

> 企业应定期对安全风险分级管控效果进行评价。
> 当发现风险管控失效或不能满足要求时,应及时分析原因并完善相关风险管控措施;构成事故隐患的,应纳入事故隐患排查治理。

标准溯源

→《关于实施遏制重特大事故工作指南构建双重预防机制的意见》(2016 年)

二、着力构建企业双重预防机制
……
(三) ……企业要高度关注运营状况和危险源变化后的风险状况,动态评估、调整风险等级和管控措施,确保安全风险始终处于受控范围内。

标准要义

风险控制效果评价是指对安全风险分级管控的全面性、科学性、针对性和有效性进行综合评价。企业通过对风险管控措施落实中存在的问题和不足进行综合分析和预测,对现有管控措施的薄弱环节提出改进建议,帮助企业制定下一步安全风险管控计划和策略,确保安全风险管控持续有效。

实施要点

1. 安全风险分级管控效果评价

子(分)公司、基层单位主要负责人要根据安全风险分级管控工作开展情况,每年至少组织开展一次安全风险管控效果综合评价工作。内容包括:

(1) 风险评估工作组织开展情况、员工参与及知识技能掌握情况,以及评估方法、流程及分级划定标准的适配性、合理性、准确性。

(2) 风险控制措施的技术可行性、经济合理性、运用有效性等,以及其纳入管理制度、规程标准、应急预案、技术方案等文件的情况。

(3) 风险监测预警手段的及时性、有效性和先进性,发生异常时预警处置的及时性。

6 安全风险分级管控

评价结束后形成安全风险管控效果评价报告，相关内容纳入年终安全评审工作。

2. 完善风险管控措施

当发现风险管控措施失效或不能满足要求时，子（分）公司、基层单位要研究分析风险管控措施弱化、失效和缺失的深层次原因，制定改进计划，完善管控措施。构成事故隐患的，风险管控责任部门或基层单位要按照事故隐患进行治理。

7 事故隐患排查治理

7.1 一般要求

标准原文

> 企业应建立事故隐患排查治理的管理要求，明确事故隐患排查治理的责任、分级、排查、治理、验收等内容。
>
> 应建立管理台账，对事故隐患排查治理情况进行统计分析，明确事故隐患排查治理重点，完善治理措施。
>
> 主要负责人应定期组织排查事故隐患，制定重大事故隐患治理方案，督促、检查治理情况。
>
> 企业应对重大事故隐患排查不到位、治理不彻底的开展责任追究。

标准溯源

➡ 《中华人民共和国安全生产法》（2021年修订）

第二十一条　生产经营单位的主要负责人对本单位安全生产工作负有下列职责：……（五）组织建立并落实安全风险分级管控和隐患排查治理双重预防工作机制，督促、检查本单位的安全生产工作，及时消除生产安全事故隐患；……

第二十五条　生产经营单位的安全生产管理机构以及安全生产管理人员履行下列职责：……（五）检查本单位的安全生产状况，及时排查生产安全事故隐患，提出改进安全生产管理的建议；……

第四十一条　……生产经营单位应当建立健全并落实生产安全事故隐患排查治理制度，采取技术、管理措施，及时发现并消除事故隐患。事故隐患排查治理情况应当如实记录，并通过职工大会或者职工代表大会、信息公示栏等方式向从业人员通报。……

7 事故隐患排查治理

➡ 《中央企业安全生产监督管理办法》(2024年修订)

第十九条 中央企业应当建立健全并落实生产安全事故隐患排查治理制度,采取技术、管理措施,及时发现并消除事故隐患,不得在隐患未排除、安全措施不到位的情况下组织生产。……

➡ 《安全生产事故隐患排查治理暂行规定》(2008年)

第八条 生产经营单位是事故隐患排查、治理和防控的责任主体。

生产经营单位应当建立健全事故隐患排查治理和建档监控等制度,逐级建立并落实从主要负责人到每个从业人员的隐患排查治理和监控责任制。

➡ 《企业安全生产标准化基本规范》(GB/T 33000—2016)

5.5.3.1 隐患排查

企业应建立隐患排查治理制度,……

5.5.3.2 隐患治理

企业应根据隐患排查的结果,制定隐患治理方案,对隐患及时进行治理。……

📝 标准要义

事故隐患是指生产经营单位违反安全生产法律、法规、规章、标准、规程和安全生产管理制度的规定,或者因其他因素在生产经营活动中存在可能导致事故发生的物的危险状态、人的不安全行为和管理上的缺陷。事故隐患往往不容易被察觉,具有一定的隐蔽性,如果没有得到及时处理,可能导致生产安全事故。2019年7月19日,河南省三门峡市某气化厂发生爆炸事故,造成15人死亡、16人重伤、175人轻伤,直接经济损失8170万元,事故原因是企业对空气分离装置冷箱阀连接管道发生泄漏这一重大隐患没有及时处置,设备带病运行23天,最终酿成重大事故。

针对目前普遍存在的事故隐患排查不全面、不深入、不系统以及隐患治理不到位的现象,企业要树立"隐患就是事故"理念,高度重视重大事故隐患排查治理工作,主要负责人要亲力亲为,杜绝"以文件代替整改、以会议代替落实、以汇报代替检查、以台账代替现场、以处罚代替闭环"的形式主义作风,真正筑牢遏制事故发生的"第二道防线"。

实施要点

1. 事故隐患排查治理管理制度

集团公司要建立事故隐患排查治理的管理制度，明确集团公司安全生产委员会、安全监察部门、各产业管理部门、子（分）公司、基层单位的相关职责，以及隐患分级分类、隐患排查与报告、隐患治理、挂牌督办、奖惩的相关要求。

子（分）公司、基层单位要结合行业要求及本单位特点，建立事故隐患排查治理的管理机制，明确各岗位事故隐患排查治理的具体职责和工作任务，规定重大事故隐患判定标准，事故隐患排查的范围、人员、流程与频次，以及事故隐患统计分析、治理、验收等要求。

2. 事故隐患排查培训

企业要经常性组织各层级、各岗位员工事故隐患排查知识和技术培训工作。组织开展重大事故隐患判定标准宣讲解读活动，通过"宣传板""张贴画""口袋书"等形式，不断强化从业人员对重大事故隐患判定标准的认识，切实提升各岗位自主发现并解决事故隐患的强烈意愿和能力水平。

3. 事故隐患排查台账及统计分析

基层单位要建立事故隐患排查台账及重大隐患信息档案，如实记录事故隐患排查、治理和验收情况，包括事故隐患发现日期、区域、类别、等级、责任人、治理限期及完成情况等，按要求逐级报送上级公司和政府安全监管部门。

按规定开展月度、季度、年度事故隐患统计分析工作，编制月度隐患统计分析报告，研究分析事故隐患排查治理过程中存在的难点重点、共性问题和缺陷，为确定下一步事故隐患排查治理重点，完善治理措施提供依据和支撑。对反复出现、长期存在的事故隐患应开展专题研究，重新制定管控标准。

4. 监督考核及责任追究

企业要明确事故隐患排查治理的监督考核及责任追究要求，对重大事故隐患排查不到位、治理不彻底的进行追责问责，对未排查出重大隐患导致事故的要从严从重追究责任，并纳入安全履职评价考核和厂（矿）长安全记分进行考核。

7.2 事故隐患排查

标准原文

企业应落实基层单位、业务部门、安全监察部门的事故隐患排查责任，组织开展全员事故隐患排查，监督各层级主动排查事故隐患，鼓励各岗位自

> 主排查事故隐患。
> 　　事故隐患排查范围应覆盖所有与生产经营活动相关的场所、人员、设备设施和管理。
> 　　企业应对事故隐患进行登记、分级，及时上报重大事故隐患。
> 　　应明确事故隐患报告、举报的途径，及时核查、处理、反馈。

标准溯源

《中华人民共和国安全生产法》（2021年修订）

第四十一条　生产经营单位应当建立健全并落实生产安全事故隐患排查治理制度，采取技术、管理措施，及时发现并消除事故隐患。……

《安全生产事故隐患排查治理暂行规定》（2008年修订）

第十条　生产经营单位应当定期组织安全生产管理人员、工程技术人员和其他相关人员排查本单位的事故隐患。对排查出的事故隐患，应当按照事故隐患的等级进行登记，……

第十一条　生产经营单位应当建立事故隐患报告和举报奖励制度，鼓励、发动职工发现和排除事故隐患，鼓励社会公众举报。对发现、排除和举报事故隐患的有功人员，应当给予物质奖励和表彰。

《企业安全生产标准化基本规范》（GB/T 33000—2016）

5.5.3.1　隐患排查
……企业根据法律法规、标准规范等，组织制定各部门、岗位、场所、设备设施的排查治理标准或排查清单，明确隐患排查的时限、范围、内容、频次和要求，……

5.5.3.4 规定了企业隐患排查信息记录、通报和报送的具体要求。

标准要义

事故隐患排查是预防事故发生的重要手段之一。目前企业事故多发的主要原因之一是事故隐患排查不到位。企业应制定详细的隐患排查计划，通过推动各层级主要负责人主动履行隐患排查责任、推动各岗位自主排查事故隐患，落实全员参与隐患排查工作，加强内部管理和外部监管，确保系统化、规范化地开展事故隐患排查工作。企业要充分发挥业务部门的指导作用，安全监察部门的监督作用，聚焦事故易发、多发的重点领域、重要场所、特定对象、关键环节，并考虑产业固有风险及季节性灾害特点，全面摸清并动态掌握事故隐患底数，精准查找重大事故隐患，有效防范事故发生。

实施要点

1. 制定事故隐患排查计划

子（分）公司及基层单位每年年初制定年度事故隐患排查工作计划，要按照月度、季度、年度计划细化工作任务，包含综合、专项、专业排查方式，覆盖全部作业过程和场所。

2. 确定事故隐患排查范围

隐患排查要覆盖所有与生产经营活动相关的人、机、环、管要素，包括工艺系统、基础设施、技术装备、作业环境、防控措施等方面存在的隐患，重点关注安全生产责任落实、制度建设、安全管理组织、劳动纪律、现场管理、事故查处、应急处置及承包商安全管理等方面存在的薄弱环节。

3. 选择事故隐患排查方式

事故隐患排查包括日常排查、专项排查2种方式。日常排查是结合班组、岗位日常工作组织开展的经常性隐患排查，排查范围覆盖日常生产作业环节。专项排查是在一定范围、领域组织开展的针对特定隐患的排查，可与重点抽查、专项检查、专家会诊、安全评估、季节性检查、节假日及重要时期检查、事故后检查等工作结合开展。

4. 开展事故隐患排查

子（分）公司、基层单位要按照年度隐患排查计划组织各层级、各岗位及承包商开展事故隐患排查工作，重点关注发生过事故的、上级重视的、被约谈过的、被政府点名批评的事项。可采用目测、试验、测量、技术检测、记录验证等方法排查事故隐患。排查工作结束后，如实填报汇总隐患记录及相关数据，录入事故隐患排查台账，隐患应分级分类，隐患问题描述应简明、清晰、有据可依。

要通过正向激励调动从业人员参与事故隐患排查的积极性，将事故隐患排查数量和质量作为员工安全考核加分、评先树优的主要条件，并及时总结推广好经验、好做法。

5. 重大事故隐患上报

基层单位每月将排查出的重大事故隐患上报至子（分）公司进行评估，子（分）公司评估认定为重大事故隐患的应填写重大隐患报告单，上报至集团公司相关产业管理部门和安全监察部门进行备案。对于新排查出的重大隐患应在 24 h 内进行上报，遇到特殊情况要立即上报。

重大事故隐患报告应包括隐患现状、产生原因、危害程度、整改难易程度分析、治理方案等内容。

6. 事故隐患报告、举报

企业要建立事故隐患内部报告、举报奖励机制，通过安全信息平台、电子邮件、举报电话、举报箱、来信来访等多种方式，建立便捷畅通的报告、举报渠道。鼓励从业人员主动报告事故隐患，举报违法违章行为，对发现、举报和排除事故隐患有功人员，应给予物质奖励和表彰。

7.3 事故隐患治理

标准原文

> 企业应在确保安全的前提下，及时采取措施治理事故隐患。对不能立即治理的事故隐患，应科学制定临时管控措施和应急措施。
>
> 应对事故隐患进行分级督办、分级验收，验收合格后方可销号。
>
> 应对重大事故隐患进行挂牌督办，按照治理方案治理重大事故隐患，跟踪治理情况，评估治理效果，及时报告、验收核销。
>
> 应如实记录事故隐患治理情况，并向从业人员通报。

标准溯源

→ **《中华人民共和国安全生产法》（2021 年修订）**

第四十一条　生产经营单位应当建立健全并落实生产安全事故隐患排查治理制度，采取技术、管理措施，及时发现并消除事故隐患。事故隐患排查治理情况应当如实记录，并通过职工大会或者职工代表大会、信息公示栏等方式向从业人员通报。……

→ **《中央企业安全生产监督管理办法》（2024 年修订）**

第十九条　……事故隐患排查治理情况应当如实记录，并通过职工代表大会或者职工大会、信息公开栏等方式向从业人员通报。其中重大事故隐患排查治理情况应当依法报告。对排查出的隐患要落实治理经费和责任人，按时完成整改。

➡ 《安全生产事故隐患排查治理暂行规定》(2008年)

第十六条 生产经营单位在事故隐患治理过程中，应当采取相应的安全防范措施，防止事故发生。事故隐患排除前或者排除过程中无法保证安全的，应当从危险区域内撤出作业人员，并疏散可能危及的其他人员，设置警戒标志，暂时停产停业或者停止使用；对暂时难以停产或者停止使用的相关生产储存装置、设施、设备，应当加强维护和保养，防止事故发生。

➡ 《企业安全生产标准化基本规范》(GB/T 33000—2016)

5.5.3.2 隐患治理

企业应根据隐患排查的结果，制定隐患治理方案，对隐患及时进行治理。……

标准要义

事故隐患治理是指消除或控制隐患的活动或过程。在安全生产中，事故隐患不一定能够立即引发事故，但若不及时消除，在特定条件下，必然会发生安全事故。安全管理的著名理论海因里希法则从统计学的角度建立了经典的"1∶29∶300"比例模型，指出在一次严重事故发生前，往往已经有许多较小规模的事件或未遂事故发生，如果这些得到及时的注意和处理，那么就可以防止更严重的事故的发生。英国心理学家詹姆斯·里森提出的奶酪模型则是从逻辑学的角度阐明了在生产经营活动中存在人、物、环、管多层防护屏障，当多层屏障存在的漏洞（隐患）叠加在一起时，危险源将同时穿透所有屏障，导致事故发生。因此，企业应持续开展隐患治理工作，强化各个层面的防护，降低事故发生概率。

实施要点

1. 开展事故隐患治理

基层单位要对事故隐患清单进行分析，逐项制定治理措施，并按照业务职能划分、属地管理原则，确定整改责任单位、协助单位（业务部门），明确事故隐患治理责任人及期限。隐患治理方案必须做到责任、措施、资金、时限和预案"五落实"。隐患排除前或者排除过程中无法保证安全的，应从危险区域内撤出作业人员，并疏散可能危及的其他人员，设置警戒标志，暂时停产或者停止使用。子（分）公司要审定隐患治理过程中的防控措施并督导落实，严防事故发生。每季度开展"回头看"，回顾隐患治理情况。

一般隐患由基层单位负责人或有关主管人员按照"立查立改"的原则及时治理。重大隐患由基层单位主要负责人组织制定并实施事故隐患治理方案，限期完成治理。对不能按规定时限完成治理的重大隐患，子（分）公司应提前30天向集团公司产业管理部和安全监察部提交延期申请。为提高重大事故隐患治理效率，基层单位应结合实际，申请开通技术咨询、工程施工、物资采购等紧急通道。

基层单位每月底将Ⅰ类、Ⅱ类重大事故隐患治理情况报子（分）公司安全监察部门，子（分）公司安全监察部门对基层单位重大事故隐患治理情况进行跟踪。子（分）公司每月底将Ⅰ类重大事故隐患治理情况报集团公司安全监察部门和产业管理部门，集团公司安全监察部门和产业管理部门对子（分）公司Ⅰ类重大事故隐患治理情况进行跟踪。

2. 重大隐患挂牌督办

企业要对治理周期长、安全风险高、技术方案复杂或治理不力的重大隐患实施挂牌督办管理。Ⅰ类重大事故隐患由集团产业管理部或安全监察部门向子（分）公司下达重大隐患挂牌督办通知书，并实施挂牌督办。Ⅱ类重大事故隐患由子（分）公司向基层单位下达重大隐患挂牌督办通知书，并实施挂牌督办。被国家、属地政府安全监管部门挂牌督办并责令全部或者局部停产治理的重大事故隐患，应立即向集团公司报告，启动事故隐患挂牌督办程序。

子分公司对集团公司挂牌督办的隐患应及时制定防控措施和整改方案，报相关产业管理部门审核，报安全监察部门备案。

3. 事故隐患验收与核销

事故隐患治理完成后，应分级组织验收。验收应按照"谁验收、谁签字、谁负责"的原则，形成验收检查意见，并签字存档备查。验收合格后销号，确保闭环。

一般隐患由基层单位自行组织验收销号。重大隐患由基层单位主要负责人组织内部验收，验收合格、符合安全生产条件的，要书面报请子（分）公司或集团公司相关部门组织验收，必要时组织专家评估验收。由政府有关部门挂牌督办的重大隐患，要同时报请政府有关部门验收，重大隐患验收合格后，方可解除督办程序，恢复正常生产。

4. 事故隐患记录与通报

企业须如实记录事故隐患排查治理情况，并通过职工大会或者职工代表大会、信息公示栏等方式向从业人员通报，确保从业人员的知情权。重大事故隐患排查治理情况应及时向政府安全监管部门和职工大会或职工代表大会报告。

8 人员管理

> **人员管理要义**

生产经营活动中，无论是操作设备、执行流程还是制定决策，都离不开人的参与。然而，人的行为受到心理、生理、社会环境等多种因素的影响，无法完全预测和控制。这种复杂性和多变性使得人员管理成为预防生产安全事故中最为棘手的问题。统计数据显示，因人员管理不当而出现的安全意识淡薄、技能水平不足、违章指挥、违规作业和违反劳动纪律等问题，是导致生产安全事故的主要原因之一。因此，企业须高度重视人员管理相关工作，通过严格人员准入审核、安全资格审查、加强安全培训、完善行为管控，构建人员管理体系，减少因人为因素导致的事故，保障从业人员生命安全和企业安全运营。

8.1 人员准入

> **标准原文**

企业应从知识、技能、职业禁忌、生理、心理等方面，明确从业人员安全准入要求，并在试用期结束后开展安全作业能力评估，确保职业适应性。

> **标准溯源**

→《职业健康安全管理体系　要求及使用指南》（GB/T 45001—2020）

7.2 能力

组织应：

a) 确定影响或可能影响其职业健康安全绩效的工作人员所必需具备的能力；

b) 基于适当的教育、培训或经历，确保工作人员具备胜任工作的能力（包括具备辨识危险源的能力）；

c）在适用时，采取措施以获得和保持所必需的能力，并评价所采取措施的有效性；……

📋 标准要义

人员准入是企业为保证符合法律法规、标准等规定的安全生产要求，从文化程度、职业资格、工作经验、年龄、身体状况等方面明确各岗位人员安全素质要求，对安全生产活动相关人员等进行的前置性审查。如果对人员准入把控不严，可能会因从业人员安全知识、安全技能与岗位要求不匹配，导致事故发生。2022年2月18日，广东省惠东县某铸造厂在更换侧壁氧枪过程中发生爆炸事故，造成3人死亡，2人重伤，13人轻伤。原因是炉长、副炉长、炉前工等重点操作岗位缺乏危险作业安全生产基本常识和基本操作技能，不满足冶金生产安全基本需要。因此，企业应通过明确人员准入管理要求、加强试用期管理、开展作业能力评估等手段，保证从业人员的综合安全素质和能力符合岗位要求。

📋 实施要点

1. 人员准入管理要求

企业要根据行业要求和本单位、本岗位特点，从知识、技能、职业禁忌、生理、心理等方面明确新上岗、调岗（转岗）人员准入条件，建立岗位胜任力模型：

（1）知识方面，包括学历、专业、职称、从业经历、工作年限等。

（2）技能方面，包括技能认证证书及等级、培训合格证书等。

（3）职业禁忌方面，根据《中华人民共和国职业病防治法》等法律法规要求以及岗位特定要求，排除岗位职业禁忌证。

（4）生理方面，包括年龄、视力、听力、身体平衡能力、应对恐高能力等。

（5）心理方面，包括人员心理健康状况、抗压能力等。

2. 试用期管理

新上岗、调岗（转岗）人员正式上岗前须先试用。结合人员文化素养、综合能力、技术能力、职业潜力等特点，安排试用岗位，明确试用期限。根据岗位要求对试用期人员进行安全培训，签订师带徒协议，试用期人员能够在经验丰富的老师傅带领下工作。

试用期满之前，用人单位要对从业人员试用期的表现予以绩效考评，根据考评结果决定是否转正。试用期间表现优秀的，用人部门可酌情缩短试用期；在试用期间表现良好、符合岗位工作要求的，用人部门在其试用期结束后直接办理转正；试用期中表现不符合要求的或者品行、能力欠佳不能达到岗位要求，根据实际情况延长试用期或者停止试用。

3. 作业能力评估

建立试用期结束后的安全作业能力评估标准，通过笔试、面谈、模拟操作、实际操作等方式评估从业人员安全知识、技能和行为规范等安全作业能力，根据评估结果作出教育改进或聘用决定，详细记录评估内容、评估结果和改进措施，归档保存。

8.2 安全资格

标准原文

企业应明确从业人员安全资格要求，确保从业人员取得与岗位相适应的任职资格，包括：
a）主要负责人、安全生产管理人员、特种作业人员等持证上岗；
b）其他从业人员经相关培训合格后上岗。

标准溯源

《中华人民共和国安全生产法》（2021年修订）

第二十七条　生产经营单位的主要负责人和安全生产管理人员必须具备与本单位所从事的生产经营活动相应的安全生产知识和管理能力。

危险物品的生产、经营、储存、装卸单位以及矿山、金属冶炼、建筑施工、运输单位的主要负责人和安全生产管理人员，应当由主管的负有安全生产监督管理职责的部门对其安全生产知识和管理能力考核合格。……

第三十条　生产经营单位的特种作业人员必须按照国家有关规定经专门的安全作业培训，取得相应资格，方可上岗作业。

特种作业人员的范围由国务院应急管理部门会同国务院有关部门确定。

标准要义

安全资格是指从业人员应具备的与所从事的生产经营活动相应的安全生产知识和能力。如果从业人员不具备岗位所需的安全资格而贸然上岗，可能会因为安全知识、技能掌握不到位导致安全事故的发生。2023年4月17日，浙江省武义县某企业工人在电焊作业过程中引发火灾，导致11人死亡，直接经济损失

2806.5万元，原因是电焊工无证作业。因此，企业应加强安全资格管理，确保人员满足岗位资格要求。

实施要点

1. 明确安全资格要求

企业要根据行业要求和本单位特点明确从业人员安全资格要求，确保从业人员取得与岗位相适应的任职资格：

（1）主要负责人，即各级单位的董事长、总经理、矿（厂）长等，须取得生产经营单位主要负责人安全资格证书。

（2）安全生产管理人员，即生产经营单位分管安全生产的负责人或安全总监、安全生产管理机构负责人及其他安全生产管理人员等，须取得安全生产管理人员相关安全资格证书。

（3）特种作业人员，即直接从事特种作业的从业人员，上岗作业前须取得特种作业操作证。

（4）特种设备相关人员，即特种设备、长管拖车的充装站（单元）的安全管理人员、特种设备检验检测人员、特种设备作业人员、移动压力容器充装人员及押运人员，上岗前须取得相应的资格。

（5）其他从业人员，即除了上述人员以外的其他从事生产活动的人员，上岗前须按国家、行业、企业相关要求接受培训并获得安全资格。

2. 安全资格管理

新上岗人员须按规定取得相应资格，转岗或离岗一定期限重新上岗的从业人员，须按照行业规定重新培训，取得相应资格。已按照国家和行业要求取得安全证书的，企业须严格把控安全资格复审时间。

企业要建立安全资格管理档案，宜通过信息化手段管理从业人员安全资格，预留培训和取证时间，设置资格证书到期自动提醒，确保安全资格持续有效。

8.3 安全培训

标准要义

安全培训是指以提高生产经营单位从业人员安全知识、安全技能等为目的的教育培训活动。从业人员安全意识淡薄、安全技能掌握不牢、应急处置能力不足、操作不当，往往与安全培训不到位有关。2022年6月6日，天津市某公司酸再生车间发生爆炸，1名工人当场死亡，直接经济损失约为422万元。事故调查发现,该企业未开展岗位操作规程、盐酸泄漏处置等安全培训。因此,企业必须重视安全培训工作,建立安全培训制度,按照"干什么、学什么"和"缺什么、补什么"的原则,合理配置安全培训资源,落实安全培训计划,严格开展培训考核和监督检查,提高从业人员安全意识与安全操作技能、规范人员操作行为、增强应急处置能力,以降低安全风险,减少安全事故的发生。

8.3.1 资源配置

标准原文

> 企业应提供并保障安全培训所需的师资、场地、设备、教材和资金等资源。
> 应建立安全培训师资队伍,并定期对其进行培训。

标准溯源

《安全生产培训管理办法》(2012年修订)

第二十九条、第三十条规定了安全生产监督管理部门应当对安全培训机构具备从事安全培训工作所需要的条件的情况、建立培训管理制度和教师配备的情况进行监督检查;对生产经营单位的安全培训经费投入和使用的情况进行监督检查。

《国务院安委会关于进一步加强安全培训工作的决定》(2012年)

四、全面加强安全培训基础保障能力建设

(十二)完善安全培训大纲和教材。有关主管部门要定期制定、修订各类人员安全培训大纲和考核标准,根据安全生产工作发展需要和企业安全生产实际,不断规范安全培训内容。鼓励行业组织、企业及培训机构编写针对性、实效性强的实用教材。要分行业组织编写企业职工安全生产应知应会读本、建立生产安全事故案例库和制作警示教育片。

(十三)加强安全培训师资队伍建设。承担安全培训的机构要建立健全安全培训专职教师考核合格后上岗制度,保证专职教师定期参加继续教育,积极组织教师参加国际学术交流。有关主管部门要加强承担安全培训的教师培训,定期开展教师讲课大赛,建立安全培训师资库。企业要建立领导干部上讲台制度,选聘一线安全管理、技术人员担任兼职教师。……

8 人员管理

标准要义

企业要提供满足培训需求的师资、场地、设备、教材和资金，确保安全培训计划顺利实施。其中，应重点做好高质量的安全培训师资队伍建设，以保证安全培训的质量和效果，有效提升从业人员安全知识和技能。

实施要点

1. 师资配置

企业要建立专业的高质量安全培训师资队伍，确定师资管理部门，明确选聘条件和程序、聘期、薪酬待遇、考核要求等内容。建立内、外部安全培训师资库，定期维护更新，确保师资队伍能力始终满足培训需求。

2. 其他资源配置

为确保安全培训计划顺利实施，企业要提供适宜的培训场地；配置先进的多媒体教学和考试设备设施、实操模拟设备设施和后勤保障设施；选择或编制满足培训需求的、新颖实用的教材、课件和题库，并定期更新；按照国家规定的比例提取教育培训经费，明确安全培训的经费占比要求，做到专款专用、足额投入。

8.3.2 组织实施

标准原文

> 企业应定期识别安全培训需求，制定安全培训计划，明确各岗位培训内容和频次等要求，并组织实施。
>
> 应对从业人员、相关方人员、外来参观或学习人员等进行相应的安全培训，安全培训内容、学时、方式等满足法定要求。
>
> 安全培训应采取理论和实践相结合的形式，宜采用实际操作、沉浸式体验等手段。
>
> 应如实记录培训情况，并对培训效果进行评估。

标准溯源

➡ 《中华人民共和国安全生产法》(2021年修订)

第二十八条 生产经营单位应当对从业人员进行安全生产教育和培训，保证从业人员具备必要的安全生产知识，熟悉有关的安全生产规章制度和安全操作规程，掌握本岗位的安全操作技能，了解事故应急处理措施，知悉自身在安全生产方面的权利和义务。未经安全生产教育和培训合格的从业人员，不得上岗作业。……

➡ 《企业安全生产标准化基本规范》(GB/T 33000—2016)

5.3.1 教育培训管理

企业应建立健全安全教育培训制度，按照有关规定进行培训。培训大纲、内容、时间应满足有关标准的规定。……

📝 标准要义

企业要根据实际需要，识别各层级、各岗位的培训需求，有针对性地制定培训计划。在实施培训过程中，应着力解决培训内容与实际需求不匹配、培训方式单一、培训学时不足、培训记录造假等问题，提高培训的实效性和针对性。

安全培训还需覆盖外来学习人员和承包商、供应商等相关方，使其充分了解本单位安全管理相关要求，安全培训内容、学时、方式等应结合实际并满足有关法律法规和标准的要求。

📝 实施要点

1. 培训计划

企业要充分考虑发展规划和岗位需求，通过问卷、访谈、上一年度培训效果评价等方法，开展培训需求调查分析，制定包括培训目标、培训任务、培训内容、培训方法、培训时间、培训频次、考核要求等内容的安全培训计划，并纳入年度工作计划。

2. 培训实施

企业要根据培训计划，采用案例式、访谈式、研讨式等多种培训方法，落实培训工作。通过差异化培训、脱产培训、理论+实践、师带徒等形式提高培训质量，确保培训效果。可利用沉浸体验、高仿真互动等新兴技术创新安全培训模式。如实记录安全培训情况，严禁弄虚作假。

3. 培训考核

按照教考分离、统一标准、统一题库、分级负责的原则进行培训考核，采取问卷、座谈、回访、抽查等方式评价培训效果，及时总结培训经验，为开展后续培训提供依据。

8.3.3 档案管理

> **标准原文**
>
> 企业应明确安全培训档案的内容、保存方式、保存时间等要求。
> 应建立安全培训档案,做到"一期一档"和"一人一档"。宜运用信息化手段管理培训档案。

标准溯源

➡ 《安全生产培训机构基本条件》(AQ 8011—2023)

4.7.1 培训学员的培训档案应实施"一期一档"管理,以纸质或电子档案的形式进行归档、存放和保管。档案应包含但不限于以下内容:培训方案或培训计划、培训通知、学员信息汇总、考勤记录、培训教材与课件、线下培训现场视频记录(可单独存放)、培训质量评估记录和培训总结。使用线上安全生产培训平台进行理论培训的,档案还应包括学习记录、人像抓拍图片、学时证明。

标准要义

安全培训档案是记录从业人员参加安全生产教育培训情况的重要证据。通过"一期一档"和"一人一档"安全培训档案管理方式,企业可详细了解从业人员的安全培训信息、跟踪安全培训效果,掌握从业人员的安全知识和技能水平。同时,通过调取安全培训档案,可对安全培训工作进行监督检查。

实施要点

企业要明确安全培训档案管理要求,包括企业安全培训档案、从业人员安全培训档案的管理要求,确定档案的保存内容、形式(文字、图表、声像等)、载体、保存时限等,以专人、专地的方式管理安全培训档案,并做好统计工作。

企业培训档案需包含培训方案或培训计划、培训通知、学员信息、考勤记录、培训教材与课件、培训记录(可单独存放)、培训质量评估记录和培训总结等内容;从业人员培训档案需包含培训内容、培训经历、历次培训考核结果等内容,做到"一期一档""一人一档"。

鼓励采用信息化手段(扫描技术、图像处理技术、存储和管理系统等)保存安全生产教育培训档案,提高档案管理效率,并做好安全保密工作。

8.4 行为管控
8.4.1 行为规范

> 📝 **标准原文**

> 企业应根据行业要求和特点,推行从业人员作业标准化管理,明确作业步骤、作业内容、作业标准、安全风险、管控措施等内容,指导从业人员规范作业。

📝 **标准溯源**

⇨ 《企业安全生产标准化基本规范》(GB/T 33000—2016)

5.4.2.2 作业行为

企业应依法合理进行生产作业组织和管理,加强对从业人员作业行为的安全管理,对设备设施、工艺技术以及从业人员作业行为等进行安全风险辨识,采取相应的措施,控制作业行为安全风险。

企业应监督、指导从业人员遵守安全生产和职业卫生规章制度、操作规程,杜绝违章指挥、违规作业和违反劳动纪律的"三违"行为。……

5.4.2.3 岗位达标

企业应建立班组安全活动管理制度,开展岗位达标活动,明确岗位达标的内容和要求。

从业人员应熟练掌握本岗位安全职责、安全生产和职业卫生操作规程、安全风险及管控措施、防护用品使用、自救互救及应急处置措施。……

📝 **标准要义**

作业标准是指能够有效指导、规范、保障作业者在规定的时间、地点、环境等条件下安全高效地完成作业任务的基础和行为准则。根据作业的内容、风险、特性,作业标准分为常规作业标准和非常规作业标准。常规作业标准是指在同一地点、设备上,使用同样的工器具,采用同样的工作方法和程序,定期重复开展,且无特定制度规定的常规作业的行为准则。包括作业规程、操作票(卡)、作业指导书、工序卡、标准作业流程等。非常规作业标准是指常规作业以外,临时性、缺乏程序规定或者有特定制度规定需要专项管控的异常作业、紧急作业、

8 人员管理

多工种联合作业和大型交叉等非常规作业的行为准则。包括施工方案、安全技术措施等。

通过推行从业人员作业标准化管理，使岗位人员遵循共同的工作标准和行为规范，有利于避免遗漏操作步骤，减少人员误操作，从而有效降低作业过程中人为因素导致事故的风险。作业标准化管理不到位，容易导致生产安全事故。2020年4月30日，内蒙古自治区鄂尔多斯市某化工公司化产回收车间冷鼓工段电捕焦油器发生燃爆事故，造成4人死亡。事故主要原因是，作业人员未按操作规程切断煤气，未按检维修方案控制现场火源，导致煤气漏入电捕焦油器内部，发生燃爆。因此，企业应以"标准到位，责任到位，执行到位，考核到位"为原则，加强从业人员作业标准化管理，确保从业人员严格按照作业标准"上标准岗、干标准活"，强化从业人员的安全意识和安全技能。

📝 实施要点

1. 建立作业标准管理机制

集团公司各产业管理部门负责业务分管范围内的作业标准管理，对子（分）公司作业标准编制、审批、使用等全流程管理进行业务指导。子（分）公司业务管理部门负责分管范围内的作业标准管理，制定作业标准管理制度，指导、监督、检查基层单位按制度要求开展作业标准管理工作。基层单位要建立健全本单位作业标准的体制机制，对本单位作业标准的编写、审核、批准等流程进行管理。

2. 编制、审核、复审作业标准

基层单位要依据法律法规、规章制度、标准规程、设备说明书、使用手册等要求，结合作业任务的风险辨识评估结果和以往事故经验教训等编制作业标准。包括：流程步骤、作业内容、作业标准、危险源及后果、不安全行为、安全措施及相关事故案例等内容（表8-1）。

编制的从业人员作业标准经审核，通过会议评审、桌面推演、现场模拟演练等方式对适用性、可操作性进行验证，确认无误后，批准下发执行。

从业人员作业标准要每年进行一次复审，持续优化、更新标准内容。当法律法规、技术标准，设备、系统、生产工艺流程和现场风险及管控措施发生变化，发生事故和不安全事件等情形时，要及时修订，经审核通过后及时发布。

企业要建立、维护与从业人员岗位需求相衔接的从业人员作业标准共享数据库，宜利用数字化信息软件，将作业标准制作成视频、动漫等，便于从业人员及时、方便、准确获取现行有效的本岗位从业人员作业标准。

表 8-1 煤炭企业液压支架常见故障处理标准作业流程示例

流程名称	液压支架常见故障处理标准作业流程					
适用工种	支架检修工					
相关事故案例	2008年2月21日，某煤矿52406综采面，由于没有释放压力，拆掉U型卡，造成作业人员左眼受伤					
流程步骤	作业内容	作业标准	应用频次		高频次标记☆内容	
			重要危险源	风险及后果	不安全行为	安全管控措施
序号						
1	检查作业环境	1. 检查作业地点顶、帮状况； 2. 检查伸缩梁、护帮板完好	1. 作业区域内无漏顶、煤壁完好； 2. 伸缩梁、护帮板打到位使护帮板贴紧煤壁	作业前未检查周围环境、煤壁片帮，造成人员伤害	站在顶帮有离层、片帮的下方	作业前必须认真检查周围环境，发现有片帮、鳞皮时，及时处理
2	确定故障	1. 确定液压支架故障类型； 2. 确定液压支架故障位置； 3. 向班长汇报	1. 故障类型判断准确； 2. 故障位置判断准确； 3. 汇报及时、清楚	故障位置、类型判断不准确，操作不当，造成人员伤害		
3	准备工具材料	1. 准备工具； 2. 准备所需配件材料； 3. 佩戴好防护用品	1. 工具：手锤、克丝钳、扳手、螺丝刀、专用工具； 2. 配件：PM32控制器、耦合器、传感器、各种型号胶管等； 3. 佩戴好防护眼镜、手套	工器具使用不当，造成人员伤害	使用不完好、不匹配或非专用工器具和未经许可的自制工具	必须正确使用合适的工器具
4	☆升紧支架并闭锁	1. 升紧支架； 2. 闭锁故障液压支架及左右相邻支架； 3. 关闭故障液压支架及左右相邻支架截止阀	1. 伸缩梁、护帮板打出到位使护帮板贴紧煤壁； 2. 初撑力达到252 bar（1 bar＝10^5 Pa）； 3. 截止阀关闭，控制器闭锁	☆支架检修时，没有闭锁支架并关闭进液截止阀进行检修作业，支架误动作，造成人员伤害		作业前必须闭本架进液截止阀，闭锁本架及相邻支架

88

8 人员管理

表 8-1（续）

序号	流程步骤	作业内容	作业标准	风险及后果	不安全行为	安全管控措施
5	☆泄压	泄压	管路内无压力	☆更换液压管或液压元件时，关闭截止阀或未泄压，造成人员伤害	不泄压检修，拆卸液压管路	更换液压管或液压元件前必须关闭进液截止阀，确保泄压可靠
6	☆处理故障	1. 更换管路密封； 2. 更换液管； 3. 更换管路连接头； 4. 更换阀组； 5. 更换过滤器； 6. 更换架间电缆； 7. 更换液压支架控制器； 8. 更换液压推拉头横销（立销）	1. 密封合格，安装到位； 2. 液压管完好； 3. 管路接头安装到位，可靠； 4. 阀组安装牢固、动作灵敏，无堵塞； 5. 过滤器无破损； 6. 电缆连接可靠； 7. 液压支架控制器固定牢靠，功能正常； 8. 横销（立销）合格，安装到位，辅件齐全	☆1. 采用单腿销或铁丝替代 U 型卡，管头崩出，造成人员伤害； 2. 作业时，未佩戴护目镜，造成人员伤害	用单腿销或铁丝代替液管 U 型卡	1. 液管连接头用匹配的 U 型卡子固定，严禁用铁丝或其他物品替代； 2. 支架检修人员，更换液压元件时，须佩戴液压护目镜
7	检查支架状况	1. 打开进液截止阀； 2. 解除液压支架闭锁； 3. 检查液压支架	1. 截止阀完全开启； 2. 解除液压支架故障支架相邻液压支架； 3. 试操作支架，各项功能正常，动作可靠	故障未排除，支架误动作，造成人员伤害		操作支架前，必须检查架前、架内是否有人员工作或通过，发现有人员工作或通过时，通知其撤离至安全地点后，方可操作支架
8	清理作业现场	1. 整理工具； 2. 回收旧件，材料	1. 工具全部回收，存放到定点，码放整齐； 2. 旧件、材料全部回收到定点，码放整齐	未清理现场工具或材料，造成人员设备损坏伤害		检修结束后，必须认真清理现场，清点工具及剩余材料

89

3. 应用作业标准

基层单位要在作业前，有针对性地开展从业人员作业标准培训，运用理论讲解、现场演示、观看视频等方式，通过集团 ICE、移动 App、二维码、微信公众号和云盘等渠道，让从业人员了解并掌握作业标准内容和要求，确保各层级作业岗位人员熟练掌握作业标准。

作业人员要执行作业标准、规范作业行为、自觉接受行为安全监督检查、及时反馈并完善作业标准。要利用班组长或经验丰富的从业人员，现场监督、指导从业人员按照作业标准规范作业，及时纠正不符合作业标准的行为。

宜利用移动互联技术，探索使用移动数据终端指导、监控现场作业人员规范作业，提高岗位与作业标准结合的时效性。

4. 检查考核

子（分）公司要对各单位作业标准管控情况进行指导、监督、检查、考核，督导现场作业始终处于受控状态。各单位要对作业标准管控情况进行监督检查，并将检查情况纳入单位、个人安全绩效、安全积分考核。

8.4.2 安全行为激励

标准原文

> 企业应明确安全行为正向激励的分级、标准、方式等内容。
> 应对从业人员在安全生产工作中的积极行为进行表彰奖励，引导从业人员养成良好的安全行为习惯。

标准溯源

➡ 《关于全面加强企业全员安全生产责任制工作的通知》（2017 年）

（六）加强落实企业全员安全生产责任制的考核管理。企业要建立健全安全生产责任制管理考核制度，对全员安全生产责任制落实情况进行考核管理。要健全激励约束机制，通过奖励主动落实、全面落实责任，惩处不落实责任、部分落实责任，不断激发全员参与安全生产工作的积极性和主动性，形成良好的安全文化氛围。……

➡ 《企业安全文化建设导则》（AQ/T 9004—2008）

5.3.1 企业在审查和评估自身安全绩效时，除使用事故发生率等消极指标外，还应使用旨在对安全绩效给予直接认可的积极指标。

📝 标准要义

安全行为正向激励是指企业采用晋升、评先评优、表彰、奖金等方式对从业人员在安全生产工作中的积极行为进行奖励，有助于激发从业人员参与安全生产管理的热情，提升全体从业人员对安全工作的重视程度和关注度，促使从业人员从"要我安全"转变为"我要安全"，形成人人关心安全、人人参与安全的良好氛围。

📝 实施要点

企业要建立安全行为正向激励机制，确保从业人员安全行为激励的常态化与长效性。

应明确给予激励的安全行为的具体情形，如新辨识或修正被确认审核通过的危险源（风险等级）、创新安全管理方式、主动上报事故隐患、事故抢险救援中有突出表现、提出合理化建议、举报违规违章行为等；结合安全行为产生的影响、意义以及经济效益等因素，对安全行为的正向激励进行分级，并明确各级标准；设置专项资金作为安全行为激励的保障资金，可采取精神激励、物质激励或者两者结合的激励方式对从业人员在安全生产工作中的积极行为进行奖励。鼓励企业创新正向激励形式，推广好经验、好方法。

8.4.3 行为观察

📝 标准原文

> 企业应明确行为观察的对象、内容、流程等管理要求，依据操作规程、作业标准等开展从业人员行为观察，重点对从事新岗位、使用新工艺和新设备、不安全行为次数较多等人员进行行为观察。
>
> 行为观察内容包括：
> a) 从业人员反应；
> b) 从业人员站位；
> c) 个体防护；
> d) 工具和设备；
> e) 作业或操作步骤；
> f) 人机工效；

g) 作业环境。

行为观察后，应与被观察人员进行沟通，表扬安全行为，告知不规范行为及其潜在的安全风险。

企业应定期对行为观察情况进行统计分析，通过对工艺技术、设备设施、作业环境等方面进行改进，从根源上预防不安全行为的发生。

标准溯源

→《化工过程安全管理导则》（AQ/T 3034—2022）

4.19.7 企业应建立并持续完善安全行为规范及约束机制，建立不安全行为清单，建立员工间相互提醒、相互监督的安全行为规范模式，持续减少直至杜绝不安全行为。

标准要义

行为观察是指依据操作规程、作业标准等，对从业人员作业行为进行现场观察和沟通的过程。通过行为观察及时发现并纠正从业人员不安全的行为习惯或操作方式，表扬鼓励好的行为习惯，促使从业人员规范作业，培养从业人员养成自觉的安全意识，预防事故发生。同时在行为观察过程中，通过观察者与被观察者之间的积极沟通和交流，还能增进从业人员之间的理解和信任，形成更加和谐的工作氛围。

实施要点

1. 建立管理要求

子（分）公司、基层单位要明确行为观察的职责分工、对象、内容、流程、方式、频次、处置措施等管理要求。

行为观察主要包括以下内容：

（1）从业人员反应。从业人员在看到有观察者时，是否改变自己的行为（从不安全到安全）。

（2）从业人员站位。从业人员所处的位置是否安全，是否有利于减少伤害发生的概率。

（3）个体防护。从业人员使用的个体防护装备是否合适，是否被正确使用，是否处于良好状态。

（4）工具和设备。从业人员使用的工具和设备是否合适，是否正确，是否处于良好状态；非标工具是否符合相关管理要求。

（5）作业流程或操作步骤。是否执行安全确认，是否有操作程序（标准作业流程），从业人员是否理解并按程序或流程操作。

（6）人机工效。机械、环境是否符合人的形态学、生理学、心理学方面的特性，"人机环"是否相互协调，人的能力与作业活动要求是否相适应。

（7）作业环境。作业现场是否整洁，设备摆放位置是否合理、物料分类码放是否整齐；环境温湿度、光照度、安全警示标志、应急出口等是否符合要求。

可采用人员旁站、视频监控等方式，对从业人员作业行为进行观察。观察频次应结合岗位要求、风险级别设定，对于列入重点观察的作业人员（"三新"人员、使用新工艺和新设备人员、身心状态不佳及不安全行为次数较多人员）应增加行为观察频次。

2. 行为观察的实施

子（分）公司、基层单位要依据操作规程、作业标准等，制定至少覆盖一个完整作业流程的行为观察计划，编制行为观察表（表8-2），开展现场行为观察。

表8-2　某煤矿企业员工行为观察记录表样表

单位		观察日期		观察班次	
被观察人		观察岗位		观察人	
作业内容					
观察原因	□新员工　　　□喜欢冒险的人　　□执行能力差的人　　□不安全行为再上岗观察 □大型检修等非常规作业　　□正常作业　　□管理者责任心不强				
1　员工的反应		2　个人防护装备		3　工具与设备	
□ 全部安全 **观察到的人员的异常反应** □调整个人防护装备 □改变原来的站位和设备位置 □重新安排工作 □人员生理、心理状态 □停止工作 □收拾工具 □遮掩/离开 □其他		□ 全部安全 **不完好、不用或不能正确使用** □眼睛和脸部 □耳部 □头部 □手和手臂 □脚和腿部 □呼吸系统 □躯干 □其他		□ 全部安全 **观察到的问题** □不适合该作业 □未正确使用工具与设备 □工具和设备本身不安全 □安全防护装置不全或失效 □需要计量的仪器仪表没有校定 □应急物资缺失 □其他	

表 8-2（续）

4 员工的站位	5 操作步骤	6 人机关系
□全部安全 **可能的问题** □被撞击 □被夹住、扎伤、刺伤 □高处坠落 □绊倒或滑倒 □退路不畅通 □接触液压管路 □触电 □被高压液体打击 □接触转动设备 □搬运负荷过重 □其他	□全部安全 **观察到的问题** □没有建立 □不适用 □没有及时更新 □不可获取 □员工不知道或不理解 □没有遵照执行 □没有办理作业许可证 □员工没有有效的上岗证 □其他	□全部安全 **存在的问题** □重复的动作 □躯体位置不良 □不适当的姿势 □体力负荷超重 □工作区域设计不佳 □工具和设备不方便使用 □粉尘、瓦斯浓度超限 □温度、湿度偏高 □照明不足 □噪声过大 □其他

7 文明作业
□全部安全 **观察到的问题** □作业区域不整洁　□工作场所不能做到井然有序　□材料及工具的摆放不当　□设备不清洁 □工程质量未达到标准化要求　□其他

行为状况描述	
可能导致后果	□财产损失　□轻伤　□重伤　□死亡　□群体伤亡
整改建议	□修改规程　□修改制度　□规范站位　□安全教育　□修理设备 □重新选择设备　□重新布置工具　□其他
行为观察评分	□安全（90~100分）　□财产损失（80~89分）　□轻伤（70~79分） □重伤（60~69分）　□死亡（50~59分）　□群体伤亡（50分以下）
被观察人签名	观察人签名

现场行为观察一般由班组长、带班区队长、一般管理人员、有经验的工人师傅等组织开展。观察到的所有不安全行为和状态都应立即采取行动，比如通过提醒、告诫、协助改正等方式进行纠正。

现场观察完成后与被观察人进行沟通交流，指出作业过程中的不规范之处和潜在的风险，对好的行为习惯予以表扬鼓励，研究讨论需要改进的作业行为和作业标准。

为保证行为观察效果，安全监察部门、业务保安部门可根据实际情况对行为观察进行监督检查。

3. 行为观察结果运用

子（分）公司、基层单位要定期对行为观察情况进行统计分析，重点分析不同行为观察内容的占比、趋势、所处的岗位、区域和人员，根据分析结果，对工艺、技术、设备、环境等进行改进，预防不安全行为的发生。

8.4.4　不安全行为管控

标准原文

> 企业应明确不安全行为的分级分类、认定标准等内容。
>
> 应开展不安全行为监督，及时制止和纠正不安全行为，并根据分级情况进行矫正教育或处罚。宜采用视频监控、自动识别等数智化手段监督不安全行为。
>
> 应定期对不安全行为进行统计分析，查找不安全行为发生的规律和深层次原因，制定预防措施。

标准溯源

➡《企业安全生产标准化基本规范》（GB/T 33000—2016）

5.4.2.2　作业行为

……企业应监督、指导从业人员遵守安全生产和职业卫生规章制度、操作规程，杜绝违章指挥、违规作业和违反劳动纪律的"三违"行为。……

标准要义

不安全行为是指可能产生风险或导致事故发生的行为。管控从业人员的不安全行为一直是企业安全管理的重点和难点，大量的生产安全事故均是由人的不安全行为引起的。2021年1月10日，山东省某金矿在基建施工过程中，回风井发生爆炸事故，造成10人死亡，1人失踪，直接经济损失6847.33万元。事故发生的直接原因是施工人员在向回风井六中段下放启动柜时，发现启动柜无法放入罐笼，直接用气焊切割掉罐笼两侧手动阻车器，导致高温熔渣块掉入井筒，引爆井内违规存放的炸药、雷管。因此，企业应加强从业人员不安全行为管控，从如何规范、如何管控、如何预防人的不安全行为入手，解决从业人员"知道做不到"的问题,预防事故发生,保护从业人员生命和财产安全。

> 实施要点

1. 明确管理要求

基层单位要建立不安全行为管理机制,确定职责分工,不安全行为的分级分类、认定和处罚标准、预防治理措施等内容,重点加强多次发生风险级别较高的不安全行为的人员管理。

基层单位要根据作业领域、作业岗位、作业标准,结合不安全行为主观恶意性、严重程度、造成的后果影响和经济损失等因素对不安全行为进行分级分类,明确各类不安全行为认定标准;按照"以人为本、标本兼治、齐抓共管、严惩与帮教相结合"的原则,根据不安全行为人员的性质,明确处罚标准,分别采取罚款、停工培训、岗位调整、薪酬降级、取消评先树优资格等手段进行处罚。

2. 监督和纠正

基层单位要常态化开展不安全行为管理和监督检查工作,采取"线上+线下+举报"的方式及时识别、制止和纠正不安全行为,并做好记录。本着"帮助、教育、引导、感化"的原则,对不安全行为人员进行多种方式的帮教与矫正工作。不安全行为被发现后,按照其等级和类别,可采取一对一谈心谈话、心理疏导、家访、停工培训等手段,使从业人员认识到不安全行为的危害。对帮教后仍不合格的人员,予以处理和处罚。

宜采用视频监控、AI人员自动识别等数智化手段自动识别和监督从业人员的不安全行为。

3. 统计和分析

基层单位要对发现的不安全行为数据进行统计和分析,定期通报和上报统计分析结果。根据不安全行为的类型、发生的时段、可能产生的后果等特征,剖析不安全行为产生的深层次原因,从"人、物、环、管"中查找管理漏洞和缺陷,从技术研发、设备更新、管理优化等方面寻求技术改进,明确下一阶段的管控重点和预防措施,从根本上杜绝和减少不安全行为的发生。

8.4.5 全员安全积分

> 标准原文

企业应建立全员安全积分的管理要求,明确正向行为和负向行为的情形、积分标准、积分结果运用等内容,并采用信息化手段进行全员积分管理。

> 全员安全积分结果应在安全生产绩效评价、安全奖惩、评先树优等方面应用。

标准溯源

→ 《企业安全文化建设导则》（AQ/T 9004—2008）

5.3.3 企业宜建立员工安全绩效评估系统，应建立将安全绩效与工作业绩相结合的奖励制度。……

5.3.4 企业宜在组织内部树立安全榜样或典范，营造安全行为和安全态度的示范作用。

标准要义

全员安全积分是对从业人员安全行为进行量化考核，激励从业人员参与安全管理，提高安全意识，规范安全行为的机制。企业以人的行为管控为核心，通过安全积分的方式将人的行为结果进行量化，以正向激励、负向惩戒规范人的安全行为，进而达到强化管控从业人员行为的目的。

实施全员安全积分管理有利于安全行为管理从碎片化转向系统化，逐步实现从业人员从"不敢违、不能违"向"不想违"转变，有效激励从业人员自觉按标准规范作业、自查自纠不安全行为，减少不安全行为次数，降低生产安全事故发生率。黄玉川煤矿自2014年将安全积分管理运用到煤矿安全生产目标管理和安全绩效考评中以来，从业人员的不安全行为数量显著下降了48.02%、重大不安全行为数量显著下降了56.75%，表明全员安全积分管理可切实提升企业安全管理绩效。

因此，企业应加强全员安全积分管理工作，逐步建立不安全行为管控的长效运行机制，有效提升从业人员安全意识，提高企业的安全管控水平。

实施要点

1. 建立安全积分管理制度

基层单位要根据行业要求和本单位特点，建立安全积分管理制度，确定安全积分责任部门，明确考评周期、安全积分加（扣）分内容及标准等，依据年度全员积分结果及考评标准确定年度安全奖惩措施，并定期对全员安全积分管理工作进行阶段性总结、分析。

2. 内容和标准

安全积分加分内容要覆盖有效辨识并管控的风险，包括参加各类安全知识竞赛并取得优异成绩，举报生产安全事故、生产安全事故隐患，在应急抢险救援过程中有突出表现，提出安全创新、合理化建议并被采纳，被国家、省、市、县或相应级别单位评为安全生产先进个人，参与结对帮扶，连续无违章等情形。

安全积分扣分内容要覆盖从业人员可能发生的不安全行为（尤其是重复发生者），包括管理人员隐患排查、不安全行为查处不达标，检查发现的隐患问题未按要求完成整改，安全培训等考试不合格，各类事故、未遂事故责任未落实，未完成个人安全工作指标及安全承诺，未按作业标准规范作业等情形。

采用风险评估办法，计算出不同行为对应的安全积分分值。

3. 实施

基层单位要安排专人负责积分登记，定期对全员安全积分情况进行统计分析，保留相应资料记录，并建立从业人员安全积分档案，以自然年为单位，年度积分基数为100分，年底对安全积分情况进行统计。

依据安全积分内容及标准，记录从业人员安全行为积分情况，发生较大及以上不安全行为时，班长、带班队长、队长要连带扣分，重复违章、管理人员违章则要加重扣分，对连续未发生违章的，可返还部分扣分。

定期在安全生产例会中对积分情况进行通报、公示，并利用电子通信方式告知本人。

4. 结果应用

基层单位要根据积分考核标准，对年度安全行为进行奖惩。对年度累计分数达标或超额者，采取调高安全奖、评先树优、晋升提拔等正向激励措施，对年度累计分数不达标者，采取停工培训、岗位调整、扣减安全奖、收取风险抵押金、解除劳动合同等负向惩戒措施。可通过从业人员安全帽粘贴积分标识方式，提高从业人员对于安全积分的关注度。

5. 信息化管理

基层单位要采用信息化手段建立全员安全积分管理系统，实现安全积分记录、统计、查询等功能，为后续精准管控重点关注人员提供数据支撑。从业人员可实时查看自己的积分及违章情况。

9 生 产 管 理

9.1 生产计划

标准原文

> 企业应基于风险评估结果和风险控制要求，科学编制年度、季度和月度生产计划。生产计划应与生产能力、劳动强度等相适应，并根据变化及时调整。
> 应根据生产计划合理配置资源，组织生产与调度控制。

标准溯源

➡ 《中华人民共和国安全生产法》（2021年修订）

第四条 生产经营单位必须遵守本法和其他有关安全生产的法律、法规，加强安全生产管理，建立健全全员安全生产责任制和安全生产规章制度，加大对安全生产资金、物资、技术、人员的投入保障力度，改善安全生产条件，加强安全生产标准化、信息化建设，构建安全风险分级管控和隐患排查治理双重预防机制，健全风险防范化解机制，提高安全生产水平，确保安全生产。……

第二十条 生产经营单位应当具备本法和有关法律、行政法规和国家标准或者行业标准规定的安全生产条件；不具备安全生产条件的，不得从事生产经营活动。

第三十六条 安全设备的设计、制造、安装、使用、检测、维修、改造和报废，应当符合国家标准或者行业标准。……

➡ 《企业安全生产标准化基本规范》（GB/T 33000—2016）

3.1 企业安全生产标准化 china occupational safety and health management system

企业安全生产标准化是企业通过落实安全生产主体责任，全员全过程参与，建立并保持安全生产管理体系，全面管控生产经营活动各环节的安全生产与职业卫生工作，实现安全健康管理系统化、岗位操作行为规范化、设备设施本质安全化、作业环境器具定置化，并持续改进。

标准要义

科学地制定生产计划是发挥国家能源集团"煤电路港航化一体化发展、产运销储用一体化运营"独特优势，增强"一体化运营一盘棋"协同创效能力，打造"战略+运营"一体化协同模式，提升核心竞争力，实现全集团有序生产、合规生产、安全生产的有力保障。

企业在充分考虑本行业要求与本单位安全生产特点的基础上，遵循"谋划先行、预见未来、合理安排、有序推进、及时调整、快速反应"的原则，结合不同生产工艺和风险评估结果、风险控制要求，与安全监察部门充分沟通协调，编制本单位年度生产计划，并根据安全生产动态，组织确定不同阶段、周期生产计划。生产计划应具有科学性、合理性和可行性。企业要树立"安全第一"的思想，按计划组织均衡生产，保障安全工作与生产任务协调一致。

实施要点

1. 编制生产计划

子（分）公司、基层单位的生产计划管理部门在充分考虑安全的基础上，利用生产调度系统，与相关部门协调，有序组织和实施生产计划的编制、下发、执行、调整、考核等工作。

企业编制生产计划时要综合考虑以下因素：

（1）与安全风险评估的结果和风险控制要求相匹配。要符合本单位安全生产风险管控能力或水平，包括从业人员素质、配备及组织能力情况，设备是否需要减产、停产检修，其他必需的改造和隐患治理情况，及特定的生产调度需求（如政府部门电力、热力、煤炭等统筹调度）等。

（2）与生产能力相匹配。要符合生产设计、核准的产能，不得超能力（核定）制定计划和生产。

（3）与劳动强度相匹配。充分考虑用工强度，不得超企业定员、超工作时间和超劳动强度组织生产。

企业可结合本行业要求和本单位安全生产实际，细化不同阶段的生产计划，并根据国家政策、市场需求及其他影响因素变化及时调整。

基层单位要根据当月生产计划，持续跟踪和评估本单位实际生产状况并掌握安全生产动态，下达月度安全管控要点，明确危险作业、特种设备设施及安全管理薄弱环节等的安全检查及事故隐患排查整改管控重点。

2. 资源配置

子（分）公司、基层单位要根据生产实际，配置生产作业所需的作业人员、设备设施、作业环境等资源，确保生产计划顺利实施，降低安全风险，提高生产效率。

9.2 生产过程

9.2.1 生产作业

标准原文

> 企业应根据行业要求和特点，推进生产管理标准化建设，实现生产过程、设备设施、作业环境动态达标。
>
> 应明确生产活动所涉及的生产和服务的全过程，确保生产作业全过程符合管理制度和规程标准的要求。对生产作业进行监视、监测和控制，留有安全冗余。
>
> 应建立设备设施的选型、采购、安装、使用、检测、维修、改造及报废等环节的管理要求，规范设备设施的安全管理，确保设备设施全生命周期安全可靠运行。
>
> 应明确建（构）筑物、生产区域道路、安全标志标识、照明、通风等生产现场环境的管理要求，创造文明有序的作业环境。

标准溯源

《中华人民共和国安全生产法》（2021年修订）

第四条　生产经营单位必须遵守本法和其他有关安全生产的法律、法规，加强安全生产管理，建立健全全员安全生产责任制和安全生产规章制度，加大对安全生产资金、物资、技术、人员的投入保障力度，改善安全生产条件，加强安全生产标准化、信息化建设，构建安全风险分级管控和隐患排查治理双重预防机制，健全风险防范化解机制，提高安全生产水平，确保安全生产。……

第二十条　生产经营单位应当具备本法和有关法律、行政法规和国家标准或者行业标准规定的安全生产条件；不具备安全生产条件的，不得从事生产经营活动。

第三十六条　安全设备的设计、制造、安装、使用、检测、维修、改造和报废，应当符合国家标准或者行业标准。……

《企业安全生产标准化基本规范》（GB/T 33000—2016）

企业安全生产标准化是企业通过落实安全生产主体责任，全员全过程参与，建立并保持安全生产管理体系，全面管控生产经营活动各环节的安全生产与职业卫生工作，实现安全健康管理系统化、岗位操作行为规范化、设备设施本质安全化、作业环境器具定置化，并持续改进。

标准要义

企业推进生产管理标准化建设，营造安全的生产作业环境、践行标准化的作业理念、培养良好的作业习惯，是保障从业人员生命安全，有效防范和遏制事故发生的重要手段。

企业要按照"标准到位，责任到位，执行到位，考核到位"的要求，运用安全系统工程学、人机工程学、行为学等学科理论和先进、适用技术，结合事故致因理论和安全管理实践经验，建立生产管理制度、标准、规范性文件，对"人、机、环"进行全员、全过程、全方位科学、系统、规范、有序地制度约束，实施生产过程、设备设施、作业环境动态达标管理，提高生产作业行为规范性、设备设施安全稳定性、作业环境文明有序性，最终实现安全风险可控、在控，夯实安全生产基础，提高安全生产管理水平。

实施要点

子（分）公司、基层单位要明确生产管理标准化牵头部门和责任部门，依据国家、行业和上级单位安全生产标准化相关要求，组织制定本单位生产管理标准化的建设目标、工作内容和实施计划。

1. 生产过程

子（分）公司、基层单位要结合行业要求和本单位生产作业特点，明确生产和服务的全过程，研究分析生产现场的工艺技术、设备设施、作业行为、作业环境和条件等各要素的安全管控要求，建立并运行科学、规范的生产管理制度、标准、规范性文件，定期开展达标考评并持续改进，确保生产作业全过程符合管理制度和规程标准的要求。

9 生 产 管 理

子（分）公司、基层单位要结合实际生产运营情况，选择、安装、运行、维护符合标准要求的监控设备，对生产作业关键工艺、关键岗位、关键设备等开展监视、监测和控制。安全监测监控信息要按规定备案、上报、上传，便于相关层级部门和岗位掌握了解。要对可能存在重大事故隐患的报警信息进行追查，采取措施消除或控制事故隐患，并及时上报追查报告。

2. 设备设施

子（分）公司、基层单位要结合行业要求和本单位生产作业特点，建立设备设施安全管理制度，实施设备设施全流程标准化管控，确保其全生命周期安全可靠运行。

（1）采购与安装。明确设备选型、采购、安装、验收等标准要求，对关键或有特殊要求的设备，可派代表现场监督制造。

（2）安全运行。明确设备设施安全运行的保障措施，如开展设备定期润滑、定期切换等日常检查、维护工作。关键设备还需设置在线监测系统，对运行状态参数实时监控、预警，跟踪分析、处理。

（3）检维修。编制设备设施检维修规程、检维修计划或方案。必要时，开展检维修风险评估，落实安全防护措施，并进行监督检查和安全确认。

（4）报废与拆除。确定设备设施报废和拆除管理要求及流程，制定拆除计划或方案，包括采取安全控制措施、对作业人员进行培训和安全技术交底等。

3. 作业环境

子（分）公司、基层单位要结合行业要求和本单位生产作业特点，建立符合标准规范要求的作业环境，开展生产作业需要的建（构）筑物、生产区域道路、安全标志标识、采光照明、噪声和粉尘控制、通风、应急通道等作业环境标准化建设，并按计划定期检查、维护。

（1）建（构）筑物。生产作业区域内建（构）筑物布局、安全距离以及防雷防静电等符合标准规范要求。

（2）生产区域道路。场地及道路符合设计规范，安全设施齐全，通行路线、消防应急通道、主干道路及道路标识等符合标准规范要求。

（3）安全标志标识。危险场所安全标志、重要危险源现场警示标志和告知牌、职业危害岗位警示标志和告知牌等安全标志标识符合标准规范要求。

（4）采光照明等。作业场所内采光照明、卫生环境、噪声、粉尘控制等符合标准规范要求。必要时，设置应急照明、应急电源、不间断电源等。

（5）通风。要求自然通风良好，对于封闭或半封闭、建筑物内作业场所要根据需要设置通风系统。

子（分）公司、基层单位在实施生产过程、设备设施、作业环境标准化管理过程中，还需按照本书"8.4.1 行为规范"的要求开展从业人员的作业行为标准化、规范化管控。

9.2.2 危险作业

标准原文

> 企业应建立危险作业管理要求，明确危险作业的情形、分级、计划、许可、实施、监督检查等内容，对作业前、作业中、作业后进行全过程、全方位安全管理。
>
> 危险作业前，应编制专项安全技术措施，履行审批程序，明确需要到岗的层级和岗位，并组织作业人员进行学习。
>
> 应检查作业人员准备情况，对作业条件进行现场确认，并进行安全技术交底。
>
> 危险作业过程中，应按照规程标准和安全技术措施开展作业，指定专人现场监护，全程视频监控。
>
> 危险作业结束后，应进行完工确认。

标准溯源

➡ 《中华人民共和国安全生产法》（2021年修订）

第四十三条 生产经营单位进行爆破、吊装、动火、临时用电以及国务院应急管理部门会同国务院有关部门规定的其他危险作业，应当安排专门人员进行现场安全管理，确保操作规程的遵守和安全措施的落实。

➡ 《企业安全生产标准化基本规范》（GB/T 33000—2016）

5.4.2.1 作业环境和作业条件

……企业应对临近高压输电线路作业、危险场所动火作业、有（受）限空间作业、临时用电作业、爆破作业、封道作业等危险性较大的作业活动，实施作业许可管理，严格履行作业许可审批手续。作业许可应包含安全风险分析、安全及职业病危害防护措施、应急处置等内容。作业许可实行闭环管理。企业应对作业人员的上岗资格、条件等进行作业前的安全检查，做到特种作业人员持证上岗，并安排专人进行现场安全管理，确保作业人员遵守岗位操作规程和落实安全

9 生产管理

及职业病危害防护措施。……

标准要义

危险作业（也称高风险作业）是指在作业过程中危险因素较多、危险性较高，易造成人身伤害、设备损坏、财产损失，需采取专门措施进行管控的作业。典型危险作业包括高处作业、动火作业、有限空间作业、吊装作业（起重作业）、爆破作业、盲板抽堵作业、临近高压线作业以及应急管理部及相关部门认定的其他危险作业。

危险作业具有作业环境条件差、作业风险高、专业性强等特点，一旦发生，极易造成人身伤害、设备损失、环境污染等危害。2019年2月15日，广东省东莞市某公司7名工人在对污水调节池（事故应急池）进行清理作业时，发生硫化氢中毒事故，造成7人死亡、2人受伤，直接经济损失约1200万元，事故原因是企业未履行审批手续，作业人员缺乏有限空间安全作业和应急处置能力，并未经培训违规作业；2024年7月17日，四川省自贡市某百货大楼发生火灾事故，造成16人死亡，事故主要原因是未落实安全监护措施，违规进行动火切割作业。

因此，只有不断加强危险作业管理，做好危险作业情形识别、评估与分级工作，采取必要的安全技术措施，对危险作业全过程、全方位开展安全风险管控，才能有效预防事故发生。

实施要点

1. 建立危险作业管理制度

子（分）公司、基层单位要结合行业、上级公司要求及本单位特点，坚持"分级负责、重点管控、严格审批、措施到位"的原则，建立危险作业（高风险作业）管理制度，明确危险作业的情形、分级、计划、许可、实施、监督检查等内容，对作业前、作业中、作业后进行全过程、全方位安全管理，确保作业安全。

2. 危险作业认定

子（分）公司、基层单位要结合风险评估结果，确定危险作业（高风险作业）具体情形，建立危险作业清单，并实施分级管理，不同级别危险作业的审批层级、到岗到位和管控措施须符合作业安全管控要求。

3. 危险作业计划与许可

各厂（矿）下属单位（区队/车间）要结合本单位生产实际和生产计划，制定危险作业计划和相应的安全技术措施或专项方案，明确组织、技术、安全、应急处置等内容。在实施作业前一天将作业计划报相关部门和相关单位。

危险作业计划要经逐级审批许可后方可执行，各级审核（批）人员要重点审核安全风险管控措施的准备和落实情况。当作业内容变更、作业范围扩大、作业地点转移或超过作业票有效期限时，须重新进行作业风险分析，核查安全风险管控措施，重新办理作业许可。

4. 作业前管理

（1）作业人员准备。检查人员的身体和心理状况、专业配置、个体防护、特种作业人员持证情况等。

（2）方案措施确认。到岗到位人员根据作业实际情况，对安全管控措施或作业方案进行确认。

（3）安全技术交底。作业负责人对全体作业人员进行安全技术交底，组织作业人员学习并签字确认，确保每位作业人员熟练掌握标准作业流程、安全风险管控措施、应急处置措施等。

（4）作业条件确认。作业负责人组织对现场作业环境、设备、设施、工器具、材料准备等情况进行安全合格确认，确定各级到岗到位人员到位后，方可下达作业指令。

5. 作业过程管理

（1）安全风险提示。危险作业当天，要在一定范围内告知和提示。

（2）执行作业标准。作业人员要严格按安全技术措施和岗位标准作业流程规范作业。

（3）到岗到位与监护。到岗到位人员要依据作业安全管控措施，结合每项工作任务实际，履行现场监督检查职责，指导人员规范作业，及时纠正不安全行为，处置现场突发情况。作业期间，必须指定专人监护，监护人不得离岗。

（4）视频监控管理。危险作业过程须全程视频监控。作业现场采用固定视频监控系统的，保证系统正常运行；不具备固定视频监控系统的，须配置具备在线监控和回放功能的移动式视频监控设备。

（5）异常情况处理。作业过程中发现危及安全的隐患、险情，必须采取有效处理措施，必要时立即停止作业、撤离人员。

（6）交叉作业管控。涉及交叉作业的，同一作业区域需控制、减少多工种、多层次交叉作业，最大限度避免交叉作业；交叉作业要指定专人统一协调管理，并采取可靠的保护措施。

6. 作业后管理

作业结束后，要进行完工确认，及时整理资料并归档。

各级管理人员通过查看视频监控、核查作业文件、现场监督检查等方式，总结分析危险作业的典型、共性问题，补充完善危险作业管控方案或措施，加强危险作业全过程管控，并持续改进。

9.2.3 异常处置

标准原文

企业应建立生产过程中异常处置的管理要求，明确异常情形的分类分级、处置流程等内容，并定期开展培训。

发现异常情况时，从业人员应立即报告、研判风险，采取有效措施予以处置。涉及危险作业的，应及时汇报本单位负责人。出现直接危及人身安全的紧急情况时，应立即停止作业、撤出人员。管理人员应根据异常情形的级别和实际情况，科学组织现场处置。

企业应对异常情况和处置结果进行回顾，根据实际情况完善异常处置流程，提升异常处置能力。

标准溯源

➡ 《中华人民共和国安全生产法》（2021年修订）

第五十五条　从业人员发现直接危及人身安全的紧急情况时，有权停止作业或者在采取可能的应急措施后撤离作业场所。……

➡ 《中华人民共和国特种设备安全法》（2013年修订）

第四十一条　特种设备安全管理人员应当对特种设备使用状况进行经常性检查，发现问题应当立即处理；情况紧急时，可以决定停止使用特种设备并及时报告本单位有关负责人。……

第四十二条　特种设备出现故障或者发生异常情况，特种设备使用单位应当对其进行全面检查，消除事故隐患，方可继续使用。

➡ 《中华人民共和国矿山安全法》（2009年修订）

第三十五条　劳动行政主管部门的矿山安全监督人员有权进入矿山企业，在现场检查安全状况；发现有危及职工安全的紧急险情时，应当要求矿山企业立即处理。

➡ 《化工企业生产过程异常工况安全处置准则》（试行）（2024年）

《化工企业生产过程异常工况安全处置准则》从"使用范围、基本要求、处置原则"等方面明确了化工企业生产过程异常工况的要求。

📝 标准要义

异常是指在正常作业条件之外发生的非正常情形，如设备故障、系统报警、操作失误、环境突变等，可能导致生产活动、作业环境等处于非正常状态，具有突发性、紧急性的特点。异常情形通常是指作业条件出现波动，尚未发生事故或事件，属于预警阶段或应急响应的先期阶段。异常处置是对偏离正常运行或者控制标准的工况所采取的措施、程序和行动。

在实际生产中，如果不及时或者错误响应异常情形，极易导致事故发生。2021年8月青海某煤矿发生顶板抽冒重大事故，造成20人死亡，直接经济损失5391万元。事故主要原因是工作面液压支架前多次发生局部片帮冒顶，甚至出现液压支架被"压死"以及工作面被封堵等异常情形，但该矿未采取有效防范治理措施，强行挑顶提架导致事故发生。2022年12月新疆维吾尔自治区伊犁哈萨克自治州某金矿发生重大坍塌溃浆事故，造成18人死亡，直接经济损失9305万元。事故主要原因是该矿未针对多次出现的涌水、冒顶、垮塌等异常情形采取有效防范治理措施，后因露天采坑回填的尾矿浆荷载增大导致采坑底层断裂坍塌，尾矿浆溃入井下造成事故。2023年1月辽宁省盘锦市某化工公司发生爆炸事故，造成13人死亡、35人受伤，直接经济损失8799万元。事故主要原因是在烷基化装置水洗罐入口管道带压密封作业过程中，对异常情形处置不当，装置打卡子带"病"运行，作业现场人员管控不到位。

因此，企业要研究分析本单位可能发生的各类异常情形，制定异常处置方案，建立防护措施，开展分类分级管理，作为"第三道防线（应急处置与救援）"的前向延伸。异常情形出现后，从业人员能够按规定进行科学处置，可有效防止事故的发生或降低事故造成的损失，最大程度地保障人员和设备设施的安全。

📝 实施要点

1. 建立异常处置管理制度

子（分）公司、基层单位要结合行业要求与本单位生产实际，明确异常处置管理内容，包括梳理典型异常情形，对异常情形进行分类分级，明确处置流程和标准，编制异常情况处置预案或处置指导卡。

2. 宣贯培训

子（分）公司、基层单位每年至少组织开展一次异常处置的相关培训，确保作业人员了解本岗位可能发生的各类异常情形，熟悉正常运行标准以及异常情形的权限边界、处置方法、处理流程等，提高从业人员对异常情形的研判、决策、指挥、处置能力。

3. 异常处置

异常情形出现时，现场人员不能盲目处置，须立即报告、研判风险，按照异常处置管理要求，坚持"现场人员最少化、防止能量意外释放、全局统筹调度、退守安全状态"等原则，科学组织现场处置。出现直接危及人身安全的紧急情况时，立即停止作业、撤出人员，优先解除对人身或设备的威胁。涉及危险作业、复杂或后果严重的异常情况，须向主要负责人汇报。

异常情形处置过程中，要综合考虑现场安全风险管控情况，准确判断异常情形出现的原因，采取措施防止事故蔓延，严禁多头指挥、无序处置。如设备发生异常时，要根据设备参数变化、设备联动和报警提示等异常现象，判断异常发生的区域、故障性质、发展趋势及危害程度，及时查找原因，并采取措施消除异常。对于不能彻底处理的异常情形，作业人员要根据处理结果和风险分析评估结果制定相应措施。现场负责人还需考虑对其他系统的影响，防止异常情形扩大。异常情形达到应急预案启动条件的，启动应急预案。

4. 回顾分析

异常情形处置完毕后，要及时组织分析导致异常情形的原因，对异常情况的处置结果进行总结。根据需要修改完善异常处置流程、措施和有关操作规程、应急预案等资料。组织相关人员进行异常处置回顾，预想可能出现的异常情形、紧急情况，开展异常情形处置的培训，提升异常处置能力。

9.3 专项安全

9.3.1 消防安全

标准原文

> 企业应建立消防安全的管理要求，明确火灾预防、消防组织、灭火救援、监督检查等内容，落实消防安全责任制。
>
> 消防安全重点单位应设置或者明确归口管理部门，其他单位应明确归口

管理部门，确定专职或者兼职消防管理人员。

企业应将消防设计、配置、运行、维护、检查检验等纳入生产过程管理，配备消防器材、消防设备设施，定期检查维护。

应确定消防安全重点部位，并实行严格管理。

应对从业人员定期组织消防安全培训和消防演练，提升从业人员岗位初期火灾险情处理、自救互救与紧急避险能力。

应落实重大消防安全风险管控措施，组织消防安全检查，及时消除火灾隐患。

应加强燃气安全管理，定期开展燃气安全专项排查整治。

标准溯源

《中华人民共和国消防法》（2021年修订）

第六条 ……机关、团体、企业、事业等单位，应当加强对本单位人员的消防宣传教育。

第十六条 机关、团体、企业、事业等单位应当履行下列消防安全职责：

（一）落实消防安全责任制，制定本单位的消防安全制度、消防安全操作规程，制定灭火和应急疏散预案；

（二）按照国家标准、行业标准配置消防设施、器材，设置消防安全标志，并定期组织检验、维修，确保完好有效；

（三）对建筑消防设施每年至少进行一次全面检测，确保完好有效，检测记录应当完整准确，存档备查；

（四）保障疏散通道、安全出口、消防车通道畅通，保证防火防烟分区、防火间距符合消防技术标准；

（五）组织防火检查，及时消除火灾隐患；

（六）组织进行有针对性的消防演练；

（七）法律、法规规定的其他消防安全职责。

单位的主要负责人是本单位的消防安全责任人。

标准要义

企业的火灾预防、火灾扑救、人员疏散、应急救援等消防安全工作做得好，可有效提高火灾防范能力，减少火灾事故损失、保障从业人员生命财产安全。

9 生 产 管 理

火灾事故通常会造成群死群伤的严重后果。2022年4月17日，山西省河津市某煤矿综合楼一楼北浴区发生火灾，致4人死亡；2023年4月18日，北京市某医院发生重大火灾事故，造成29人死亡、42人受伤，直接经济损失3831万元；2023年11月16日，山西省吕梁市某煤业公司发生火灾，造成26人死亡，38人受伤，直接经济损失4990万元；2024年1月24日，江西省新余市某临街店铺发生特别重大火灾事故，造成39人死亡、9人受伤。上述事故主要原因是企业安全主体责任落实不到位，消防安全管理不规范导致，部分单位应急预案针对性不强，安全教育培训、应急演练流于形式，以致从业人员安全素养不高，面对突发情况手忙脚乱、不知所措，错失最佳处置时机，导致火灾事故后果扩大。

企业要按照"统一领导、专业监督、全面负责、全员参与"的原则，建立相关消防安全制度、规定和规程，落实岗位消防安全责任制，确定消防重点单位和重点部位，配备符合标准规范的消防产品并定期检测、维护保养，做好火灾预防、专兼职管理人员及志愿消防队伍建设和灭火救援等工作，落实消防属地化的管理。

消防安全重点单位是指发生火灾可能性较大以及一旦发生火灾可能造成重大人身伤亡或者财产损失的单位，如客运车站、码头、发电厂（站）和电网经营企业、易燃易爆危险物品的生产、充装、储存、供应、销售单位等。

消防安全重点部位是指容易发生火灾、一旦发生火灾可能严重危及人身和财产安全以及对消防安全有重要影响的部位，如化工关键生产装置、危险化学品运输、易燃易爆气体和液体的充装站、危险品储存仓库、三堂一舍、高层建筑、老旧建筑（厂房）、外委单位临建驻地等。

实施要点

1. 建立消防安全管理制度

企业须建立并落实消防安全责任制，制定本单位消防安全管理制度，包括消防安全教育、培训，防火巡查、检查，安全疏散设施管理，消防（控制室）值班，消防设施、器材维护管理，火灾隐患整改，用火、用电安全管理，易燃易爆危险物品场所防火防爆，专职和义务消防队的组织管理，灭火和应急疏散预案演练，燃气和电气设备（包括防雷、防静电）的检查和管理，消防安全工作考评和奖惩，及其他必要的消防安全内容，重点明确火灾预防、消防组织、灭火救援、监督检查等内容。

子（分）公司、基层单位要设置满足本单位消防安全实际需要的组织机构，结合单位规模、火灾风险程度等因素建立消防安全管理机制，明确各级、各岗位的消防安全职责。消防安全重点单位须设置或者确定消防工作的归口管理职能部门、专职或者兼职的消防管理人员，其他单位须确定专职或者兼职消防管理人员，明确消防工作的归口管理职能部门。

2. 消防器材管理

企业要明确消防产品的购买、使用、维护、报废处置全生命周期的管理要求，根据需要配备符合标准要求的消防设施设备和消防器材，如消防给水设施、消防电气和通信设施、自动喷水灭火系统、泡沫灭火系统、灭火器、消防水带、消防斧、消防钩等，定期组织检测、检验、维修，确保完好有效，并建立相应的设备档案。严禁使用不合格的、国家明令淘汰的以及未取得国家强制性产品认证的消防产品。

每年至少进行1次建筑消防设施全面检测，确保完好有效，检测记录应当完整准确、存档备查。

消防设施的日常维护如值班、巡查、检测、维修、保养、建档须符合《建筑消防设施的维护管理》（GB 25201）的要求，火灾自动报警系统、灭火系统和其他联动控制设备要处于正常工作状态。

3. 消防安全重点部位管理

子（分）公司、基层单位要结合本行业特点，确定本单位消防安全重点部位，实施分级管理。

消防安全重点部位要每日巡检，并由具有相应资格和业务技能的值班人员24 h值守，配备符合防火、防化、防爆要求的工具、防护用品；要悬挂"消防安全重点部位""禁止烟火"等安全警示标识牌；动火作业时须办理动火作业许可证，落实现场监护人，采取有效的消防安全措施。具有爆炸风险的重点部位，如易燃易爆物品仓库或专用储藏间，所有电气设备、电源线路、开关和使用的工器具等须符合防火防爆规范。设有自动消防设施的，要按规定每年进行1次全面检查测试。

4. 消防培训与演练

企业可采用聘请专业的消防人员或机构、利用多媒体教学、结合实际案例讲解等方式，每年至少组织1次以提升从业人员岗位初期火灾险情处理、自救互救与紧急避险能力为目标的消防安全培训。内容至少包括：

（1）有关消防法规、消防安全制度和保障消防安全的操作规程。

（2）消防重点部位火灾隐患识别与防范技术。

（3）火灾危险性和灭火技术。

（4）有关消防设施的性能、灭火器材的使用方法。

（5）报火警、扑救初起火灾以及自救逃生的知识和技能。

要组织新上岗、调岗（转岗）从业人员进行上岗前的消防安全培训。消防安全责任人、消防安全管理人、专（兼）职消防管理人员、消防控制室的值班和操作人员须接受消防安全专项培训。

消防安全重点单位按灭火和应急疏散预案，至少每半年组织1次演练，其他单位需结合本单位实际，至少每年组织1次消防演练。演练结束后要开展总结回顾工作，针对消防演练发现的问题制定改进措施，完善灭火和应急疏散预案以及消防安全制度。

5. 灭火救援

发现火灾的从业人员须立即报警并报告相关负责人，组织力量进行扑救，力争救早救小，及时清点火灾现场人员、确认起火部位和燃烧物质，为专业消防队伍的灭火救援行动提供准确信息。公众聚集场所、人员密集场所发生火灾，现场工作人员应立即组织、引导人员疏散。火灾扑灭后，应保护现场，接受和配合事故调查。

6. 消防安全检查

子（分）公司、基层单位要结合行业、上级公司要求及本单位特点，开展常规消防安全检查和消防专项检查，明确消防安全检查的责任人、内容和频次等。

检查内容至少包括：

（1）消防安全责任制、消防安全规章制度、消防安全操作规程及消防应急预案等制定和落实情况。

（2）消防安全风险分级管控和事故隐患排查治理、整改情况。

（3）消防队伍的建立、安全培训、演练开展情况。

（4）消防安全重点部位的管理情况。

（5）易燃易爆危险物品生产储存、所辖高层建筑、人员密集场所、老旧建筑（厂房）以及外委单位临建驻地等场所防火、防爆措施的落实情况。

（6）重点岗位人员及其他从业人员消防知识的掌握情况。

（7）消防安全投入和消防设备设施的配备、检查、测试、维保情况。

（8）疏散通道、安全出口、消防车通道、防火防烟分区、防火间距情况。

（9）消防（控制室）值班情况和设施运行、记录情况。

子（分）公司、基层单位须建立消防安全隐患分级治理工作机制，对于一般隐患，按照"立查立改"的原则及时予以消除，对于不能当场消除的火灾隐患，由主要负责人组织制定并实施隐患治理方案，限期整改完成。火灾隐患整改完毕后由消防安全管理部门组织检查验收。

子（分）公司、基层单位要加强作业区域内生产生活使用燃气的安全管理，制定事故隐患排查治理方案，常态化对用气场所、燃烧器具、燃气泄漏切断报警器、燃气管道或者擅自拆除、占压燃气管道等情况进行全面隐患排查，并跟踪督查整改进度和效果。

9.3.2 危险化学品

标准原文

企业应明确危险化学品安全的管理要求，及时掌握涉及危险化学品信息，建立化学品基础信息表和危险化学品档案。

应对生产使用的危险化学品进行登记、备案，对剧毒、易制毒、易制爆等危险化学品进行重点管控。

标准溯源

➡ 《中华人民共和国安全生产法》（2021年修订）

第三十九条　生产、经营、运输、储存、使用危险物品或者处置废弃危险物品的，由有关主管部门依照有关法律、法规的规定和国家标准或者行业标准审批并实施监督管理。

生产经营单位生产、经营、运输、储存、使用危险物品或者处置废弃危险物品，必须执行有关法律、法规和国家标准或者行业标准，建立专门的安全管理制度，采取可靠的安全措施，接受有关主管部门依法实施的监督管理。

➡ 《危险化学品安全管理条例》（2013年修订）

第二条　危险化学品生产、储存、使用、经营和运输的安全管理适用本条例。

标准要义

危险化学品是指具有毒害、腐蚀、爆炸、燃烧、助燃等性质，对人体、设施、环境具有危害的剧毒化学品和其他化学品。企业对列入《危险化学品目录》的危险化学品依据有关法律法规重点管理，对未列入《危险化学品目录》的混合物，要按照危险化学品登记制度和鉴别分类制度进行管理。企业应按照《化

9 生 产 管 理

学品物理危险性鉴定与分类管理办法》（国家安全生产监督管理总局60号令）及其他相关规定对生产和使用的危险化学品进行鉴定分类，属于危险化学品的，要按照《危险化学品登记管理办法》（国家安全生产监督管理总局令第53号）进行危险化学品登记，从源头上全面掌握化学品的危险性，保证危险化学品的安全使用。

危险化学品管理不善可能会导致重特大事故，对人民生命、财产造成巨大损失，对生态环境造成严重破坏。2019年3月21日江苏响水某化工公司发生特别重大爆炸事故，造成78人死亡、76人重伤，640人住院治疗，直接经济损失19.86亿元；2020年8月4日黎巴嫩贝鲁特某仓库发生爆炸，造成超过234人死亡，6500多人受伤，经济损失达100亿~150亿美元，残留在空气中的污染物造成生态环境长期污染。

2020年中共中央办公厅、国务院办公厅印发的《关于全面加强危险化学品安全生产工作的意见》指出，为深刻吸取一些地区发生的重特大事故教训，要加强源头治理、综合治理、精准治理，着力解决基础性、源头性、瓶颈性问题，加快实现危险化学品安全生产治理体系和治理能力现代化。

企业要强化和落实危险化学品安全管理主体责任，建立管理制度、健全组织机构，对危险化学品的采购、储存、使用、废弃、信息管理等环节进行全过程、全方位管控，实现安全风险可控，确保企业持续、稳定、健康地发展。

实施要点

1. 建立危险化学品管理制度

子（分）公司、基层单位须建立危险化学品安全管理制度，明确危险化学品管理部门、职责及管理要求，确保危险化学品全过程安全可控。其中，涉及重大危险源的执行危险化学品重大危险源管理要求；涉及剧毒、易制爆危险化学品的，须设置治安保卫机构，配备专职治安保卫人员，采取必要的安全防范措施，防止危险化学品被盗、被抢、丢失或流失。危险化学品生产单位要将涉及危险化学品的原辅材料、中间产品、产品等向地方政府化学品登记办公室、国家化学品登记中心进行登记。危险化学品储存单位和使用危险化学品达到国家规定数量的化工企业每三年进行一次应急预案评估工作。

2. 采购

子（分）公司、基层单位根据需要制定危险化学品采购计划，选择合格的供应商，实施采购活动。采购剧毒、易制毒、易制爆危险化学品时，须取得相应资质合法合规采购。对采购的危险化学品进行验收，索取化学品安全技术说明书和化学品安全标签等，了解其危险特性、防护措施和使用方法并分类管理。

3. 储存

危险化学品须储存在专用仓库、专用场地或者专用储存室内，并由专人负责管理；剧毒化学品及储存数量构成重大危险源的其他危险化学品，要单独存放，并实行双人收发、双人保管制度，记录至少保存3年。

储存剧毒化学品或易制爆危险化学品的单位，须如实记录剧毒化学品、易制爆危险化学品的数量、流向。

4. 使用

使用危险化学品的单位，其使用条件、使用量和使用方式须符合法律法规的规定和标准要求。使用规定种类的危险化学品进行生产并且使用量达到规定数量的化工企业（属于危险化学品生产企业的除外）还须取得危险化学品安全使用许可证。

5. 废弃处置

产生废弃危险化学品的单位，须具备符合国家标准规定的危险废弃物贮存设施，对废弃危险化学品的产生环节、种类、数量、性质等进行分析，制定安全处置方案，落实安全风险防控措施。

6. 信息管理

子（分）公司、基层单位要对生产经营中使用的危险化学品进行全面普查和危险性分类，编制危险化学品基础信息表，包括化学品的名称、CAS号、类别、数量、储存位置、主要用途、危险特性、出现危险情况的应急处置措施等信息。建立危险化学品档案，内容至少包括：危险化学品名称、数量、标识信息、危险性分类，化学品安全技术说明书，化学品安全标签等。

涉及重大危险源的危险化学品的贮存、使用、经营的子（分）公司、基层单位要建立运行危险化学品重大危险源安全监测预警信息化系统，对本单位危险化学品重大危险源统计表和地理分布图进行实时动态管控。

9.3.3 特种设备

📋 **标准原文**

> 企业应建立特种设备安全管理要求，明确特种设备的采购、安装、登记、使用、检验、检测等内容。
>
> 应对特种设备进行经常性维护保养和定期检查，建立安全技术档案，规范特种设备管理。

9 生 产 管 理

📝 标准溯源

➡ 《中华人民共和国安全生产法》(2021年修订)

第三十七条　生产经营单位使用的危险物品的容器、运输工具，以及涉及人身安全、危险性较大的海洋石油开采特种设备和矿山井下特种设备，必须按照国家有关规定，由专业生产单位生产，并经具有专业资质的检测、检验机构检测、检验合格，取得安全使用证或者安全标志，方可投入使用。检测、检验机构对检测、检验结果负责。

第三十八条　国家对严重危及生产安全的工艺、设备实行淘汰制度，具体目录由国务院应急管理部门会同国务院有关部门制定并公布。法律、行政法规对目录的制定另有规定的，适用其规定。……

➡ 《中华人民共和国特种设备安全法》(2013年修订)

第二条　特种设备的生产（包括设计、制造、安装、改造、修理）、经营、使用、检验、检测和特种设备安全的监督管理，适用本法。

➡ 《特种设备安全监察条例》(2009年修订)

第三条　特种设备的生产（含设计、制造、安装、改造、维修）、使用、检验检测及其监督检查，应当遵守本条例，但本条例另有规定的除外。

军事装备、核设施、航空航天器、铁路机车、海上设施和船舶以及矿山井下使用的特种设备、民用机场专用设备的安全监察不适用本条例。

📝 标准要义

特种设备是指对人身和财产安全有较大危险性的锅炉、压力容器（含气瓶）、压力管道、电梯、起重机械、客运索道、大型游乐设施、场（厂）内专用机动车辆，以及法律、行政法规规定的其他特种设备。

特种设备在运行过程中涉及高温、高压、高速、高负荷、高腐蚀等多种危险因素，相比较传统工艺有着更高的技术要求和更复杂的操作规范，也存在更高的潜在危险性。2020年9月24日，山东省济南市某建筑材料公司发生压力容器爆炸事故，造成4人死亡，3人受伤。事故主要原因是安全联锁装置失效，压力容器内蒸汽迅速外泄导致爆炸。据统计，特种设备事故原因主要分两类：一是因使用、管理不当发生事故，约占85%；二是因设备缺陷、维护保养不到位造成的安全部件失效及保护装置失灵的事故，约占15%。

因此，企业应对特种设备的采购、安装、登记、使用、检验、检测、维护保养、报废等全过程全链条进行闭环管理，确保其安全性和可靠性。

实施要点

1. 建立特种设备制度

子（分）公司、基层单位要结合行业要求及本单位特点，建立特种设备安全管理制度，设置特种设备管理机构，明确锅炉、压力容器（含气瓶）、压力管道、电梯、起重机械、场（厂）内专用机动车辆等特种设备的采购、安装、使用、检验、检测、维护保养、报废等内容，落实特种设备安全管理责任，指定专人对特种设备进行管理。

2. 采购

子（分）公司、基层单位要结合本单位生产实际，选择合格供应商，按计划实施采购。须采购取得许可生产并经检验合格的特种设备，禁止采购国家明令淘汰和已报废的特种设备。采购前核实设备型号、规格、安全性能等参数，确保满足生产运行使用需求。组织验收并建立包含设计文件、产品质量合格证明、安装及使用维护保养说明、监督检验证明等相关技术资料的特种设备档案。

3. 安装

特种设备须委托具有相应资质的单位进行安装，安装前对设备及防护设施进行全面检查，确保设备完好无损，防护设施安全有效；安装过程中要严格按照设备说明书和技术要求进行，确保安装质量；安装完成后，需进行调试和试运行，必要时制定试运行方案，确保设备安全运行。

4. 登记

子（分）公司、基层单位在特种设备投入使用前或者投入使用后30日内，办理使用登记，取得使用登记证书，并张贴在设备显著位置。特种设备进行改造、修理，需要变更使用登记的，办理变更登记后方可继续使用。

5. 使用

子（分）公司、基层单位从事特种设备管理和作业人员要按照国家有关规定取得相应资格，设备使用要严格遵循特种设备管理制度、技术规范及规程标准，使用前须确认安全距离和安全防护措施。对特种设备使用状况进行经常性检查，发现事故隐患或者其他不安全因素，要立即报告，特种设备出现故障或者发生异常情况，要停止使用并对其进行全面检查，消除事故隐患后，方可重新投入使用。

6. 检验、检测

子（分）公司、基层单位要按安全技术规范中的检验周期要求，在特种设备安全检验合格有效期届满前 1 个月委托具有相应资质的特种设备检验检测机构开展检验，检验不合格的设备，立即停止使用，及时整改，整改完成后，重新进行检验，确保设备符合安全要求。未经定期检验或者检验不合格的特种设备，不得继续使用。

7. 维护保养

子（分）公司、基层单位要对在用特种设备进行经常性日常维护保养，至少每月进行 1 次自行检查，发现异常情况及时处理。

特种设备使用单位要对在用特种设备的安全附件、安全保护装置、测量调控装置及有关附属仪器仪表进行定期校验、检修，并记录。

8. 报废

子（分）公司、基层单位要对存在严重事故隐患，无改造、维修价值，或者超过安全技术规范规定使用年限的特种设备，及时予以报废，并向原登记的特种设备安全监督管理部门办理注销。

9. 其他特种设备管理

铁路机车、海上设施、船舶、海洋石油开采以及矿山井下使用的特种设备，如电气（防爆电气）设备、安全监控与通信设备、"一通三防"及水害防治设备、提升设备、运输设备、爆破器材、采掘设备、支护设备等管理，须遵守其行业相关要求。

9.3.4 自然灾害

标准原文

企业应编制自然灾害应急预案，宜与气象等行政主管部门建立联动机制，及时获取预警预报信息，分析研判自然灾害对安全生产的影响和冲击，采取措施防范应对，重点对易受自然灾害危害的场所、区域开展隐患排查治理。

标准溯源

《中华人民共和国突发事件应对法》（2024 年修订）

第二条　本法所称突发事件，是指突然发生，造成或者可能造成严重社会危害，需要采取应急处置措施予以应对的自然灾害、事故灾难、公共卫生事件和社会安全事件。

突发事件的预防与应急准备、监测与预警、应急处置与救援、事后恢复与重建等应对活动，适用本法。……

→ 《安全生产事故隐患排查治理暂行规定》（2008年）

第十七条　生产经营单位应当加强对自然灾害的预防。对于因自然灾害可能导致事故灾难的隐患，应当按照有关法律、法规、标准和本规定的要求排查治理，采取可靠的预防措施，制定应急预案。在接到有关自然灾害预报时，应当及时向下属单位发出预警通知；发生自然灾害可能危及生产经营单位和人员安全的情况时，应当采取撤离人员、停止作业、加强监测等安全措施，并及时向当地人民政府及其有关部门报告。

标准要义

自然灾害是指给人类生存带来危害或损害人类生活环境的自然现象，主要包括极端降雨、大风、冰雹、雷电、极端高温、极端降雪、极端低温、寒潮、大雾、沙尘暴、台风、龙卷风、地震、滑坡等。通常具有突发性强、不确定性大、叠加性强、破坏性大等特点。

我国是世界上自然灾害最为严重的国家之一，灾害种类多，分布地域广，发生频率高。近年来极端天气事件如热浪、暴雨和干旱的发生频率和持续时间呈现上升趋势，这种极端天气事件趋势的加剧，增加了企业所面临的总体气候风险，可能导致供应链中断、生产设施受损、运输中断和危及从业人员安全，给企业安全生产带来严峻挑战。2007年8月17日因暴雨引发山洪，导致山东省新泰市两煤矿发生溃水事故，共造成181名矿工死亡。2020年6月25日，山东省德州市齐河县突发极端强对流天气并伴有大风、暴雨，导致两煤矿均发生双回路停电，分别有96人和249人滞留井下长达6~7 h。

企业要充分利用气象、水文、地震、地理信息等相关监测资源和基础数据，完善监测手段，提高预警精准度，宜构建协同联动、全域覆盖的监测预警网络，提升多灾种和灾害链综合风险监测、风险早期识别和预报预警能力，提高响应速度，强化应急联动。建立健全自然灾害分析、预防和应对措施，突出防御重点，盯紧基层末梢，提高事前风险预防、事中应急响应、事后恢复的能力。企业要坚持预防与应急相结合，常态与非常态相结合，预防检查和专项检查相结合，提升应对自然灾害的应急反应能力和应急处置工作整体水平，降低自然灾害可能造成的人员伤亡、财产损失和社会影响。

> 📝 **实施要点**

1. 编制自然灾害应急预案

企业要根据所在区域涉及的台风、地质、洪水、雷暴等自然灾害情况,对自然灾害历史数据进行统计梳理,研究极端天气安全生产工作的特点和规律,分析可能面临的自然灾害类型特点、发生频率及其潜在危害,评估研判自然灾害对生产、工艺、设备设施、作业环境等安全生产的影响和冲击,编制本单位自然灾害应急预案,并定期评估、修订。

自然灾害应急预案要明确不同自然灾害发生时的防范、应对措施,建立防护、救援物资清单,明确应急疏散路线、联络机制、安置地点等内容。子(分)公司、基层单位要针对不同自然灾害开展培训与演练,采取多种形式普及自然灾害的成因、危害、防范措施等安全知识,提升从业人员防灾减灾意识和自救互救能力。

2. 建立联动机制

企业要建立自然灾害监测预警机制,与当地气象部门、应急部门保持密切联系,定制精准的气象服务,及时获取预警预报信息,分析研判,及时向上级部门上报、向本单位从业人员发出包括预警级别、事项、时间、范围及应对措施等预警信息,以及紧急情况下的停工、停产撤离指令。

3. 检查与防范

企业要根据所在地区自然灾害特性,建立设备设施承灾能力评估机制,定期开展作业区域内防强风、防洪涝、防雷击、防坍塌等防范措施的预防性检查和隐患排查,开展建(构)筑物沉降观测等工作。在季节性气候来临前开展重点环节、关键部位及防护物资专项检查。加强风险评估、能力评估、技术措施、隐患治理、应急预案、物资保障和培训教育全过程管控。

根据自然灾害可能造成的设备设施损坏,可能引发的塌方、滑坡、内涝、山洪和泥石流等地质灾害开展风险评估工作,根据风险评估结果采取针对性的预防治理措施。危险区的边界要设置明显标识,定期监测、记录、分析变化趋势,必要时采取锚固、坡面防护、灌浆加固、软基加固、排水防渗、抗滑挡土墙、抗滑桩和绕避等技术防范措施,确保自然灾害来临时可有效应对。

要配备必要的监测、医疗、通信和抢险救援等防护物资,明确类型、数量、存放地点,定期检查、维护和补充。

4. 应对与处置

企业要根据自然灾害预警等级要求和地方政府管理部门预警指令及时启动相

应应急预案，进入应急响应程序，采取必要防范措施，科学处置险情，合理安排生产进度和工序，必要时可采取停工、减少物料储存和人员撤离措施。

严格落实自然灾害预警期间应急值守工作要求，设专人专岗负责本单位应急值守工作，规范处置各类预警信息和突发险情，及时掌握现场处置进展并上报灾害动态，执行调度指令要求，形成闭环管理。

自然灾害应急处置工作结束后，要及时总结分析应急处置过程，评估损失，总结经验教训，制定恢复方案和改进措施，修复损毁的设备设施，有序恢复各项生产秩序。

9.3.5 改扩建项目

标准原文

企业应建立改扩建项目前期、施工、竣工验收、项目评价的安全管理要求，对项目进行全过程管控。

应明确勘察、设计、监理、施工及其他有关单位的安全责任，落实改扩建项目施工过程安全管理要求。

应按规定对改扩建项目进行安全预评价或安全条件论证，安全设施、职业病防护设施应与改扩建项目主体工程同时设计、同时施工、同时投入生产和使用。

应组织开展项目工程、安全质量验收评价。

标准溯源

➡ 《中华人民共和国安全生产法》（2021年修订）

第三十一条 生产经营单位新建、改建、扩建工程项目（以下统称建设项目）的安全设施，必须与主体工程同时设计、同时施工、同时投入生产和使用。安全设施投资应当纳入建设项目概算。

第三十二条 矿山、金属冶炼建设项目和用于生产、储存、装卸危险物品的建设项目，应当按照国家有关规定进行安全评价。

第三十三条 建设项目安全设施的设计人、设计单位应当对安全设施设计负责。

矿山、金属冶炼建设项目和用于生产、储存、装卸危险物品的建设项目的安全设施设计应当按照国家有关规定报经有关部门审查，审查部门及其负责审查的人员对审查结果负责。

➡ 《建设项目安全设施"三同时"监督管理办法》(2015年修订)

第四条 生产经营单位是建设项目安全设施建设的责任主体。建设项目安全设施必须与主体工程同时设计、同时施工、同时投入生产和使用(以下简称"三同时")。安全设施投资应当纳入建设项目概算。

《建设项目安全设施"三同时"监督管理办法》还从"建设项目安全预评价、建设项目安全设施设计审查、建设项目安全设施施工和竣工验收"等阶段作出了明确要求。

➡ 《危险化学品安全管理条例》(2011年修订)

第十二条 新建、改建、扩建生产、储存危险化学品的建设项目(以下简称建设项目),应当由安全生产监督管理部门进行安全条件审查。

建设单位应当对建设项目进行安全条件论证,委托具备国家规定的资质条件的机构对建设项目进行安全评价,并将安全条件论证和安全评价的情况报告报建设项目所在地设区的市级以上人民政府安全生产监督管理部门;安全生产监督管理部门应当自收到报告之日起45日内作出审查决定,并书面通知建设单位。具体办法由国务院安全生产监督管理部门制定。

新建、改建、扩建储存、装卸危险化学品的港口建设项目,由港口行政管理部门按照国务院交通运输主管部门的规定进行安全条件审查。

➡ 《建设工程安全生产管理条例》(2003年)

第二十条 施工单位从事建设工程的新建、扩建、改建和拆除等活动,应当具备国家规定的注册资本、专业技术人员、技术装备和安全生产等条件,依法取得相应等级的资质证书,并在其资质等级许可的范围内承揽工程。

📋 标准要义

企业为适应市场需求、提升竞争力、优化资源配置、提高生产效率、改善工作环境、满足法规要求等,在原有基础上开展改扩建工作,引入先进技术和设备、优化生产流程、扩大生产能力,使企业适应行业发展趋势、实现产业转型升级,对企业可持续发展和市场地位的提升具有深远影响。

改建项目是指企业为提高生产效率,增加科技含量,采用新技术改进产品质量或改变新产品方向,对原有设备或工程进行改造的项目。企业为平衡生产能力，增建一些附属、辅助车间或非生产性工程，也属于改建项目。扩建项目是指企业为扩大原有产品的生产能力（或效益），或增加新产品的生产能力，而增建的生产车间、独立生产线或工程的项目。

企业改扩建项目管理不善，可能会导致严重事故。2007年7月11日，山东省德州市某化工公司氨醇生产线改扩建试车过程中发生爆炸事故，造成9人死亡。2019年5月16日，上海市某区厂房改建施工期间发生倒塌，造成5人死亡，14人受伤，倒塌面积约1000 m^2，致附近小区多名工人及车辆被埋。2022年5月6日，山西省某建材公司对粉煤灰筒仓壁切割改建过程中发生坍塌事故，造成3人死亡，4人受伤。上述事故主要原因均为改扩建项目未经安全审查、现场工程管理混乱和未落实风险控制措施等。因此，企业应加强改扩建项目全过程安全管控，降低安全风险。

实施要点

1. 建立改扩建项目安全管理制度

企业要建立改扩建项目的安全管理制度，设立安全管理机构，明确项目前期、施工、竣工验收、项目评价等管理内容。在前期论证和可行性研究、设计、施工、试运行、竣工验收等阶段开展改扩建项目危险源辨识和风险评估，落实风险控制措施，对项目实施全过程管控。安全设施、职业病防护设施须与改扩建项目主体工程同时设计、同时施工、同时投入生产和使用。在项目的设计、采购、建造、安装等全过程实施质量控制，开展项目工程质量验收评价，建立质量追溯机制。

2. 项目前期管理

（1）可行性研究。建设单位要对改扩建项目采用的工艺、技术等开展安全分析、技术比选、安全可靠性论证、安全风险评估等工作。按规定委托具备相应资质的安全评价机构开展安全评价。在项目初步设计前，申请项目安全条件审查，并在有效期内开工建设。发生重大变更的改扩建项目要重新进行安全评价和安全条件审查。

（2）设计阶段。建设单位须委托具备相应资质的单位负责设计，遵循最小化、替代、缓和、简化的本质安全设计原则，鼓励采用先进的新技术、新工艺、新设备和新材料，通过全流程自动化、机械化、人员定位及风险监测预警等方式，尽量减少现场操作人员。初步设计阶段，开展风险分析，完成安全设施设计专篇编制，开展安全设施设计审查。详细设计阶段，落实设计审查意见，开展必要的危险和可操作性分析。

3. 施工管理

落实项目施工过程安全管理要求，实施项目安全监督。组织设计、建设、施工、监理等相关方参加设计交底，分析施工重点部位和各环节风险，提出管控措施。改扩建项目竣工投入生产或者使用前，组织对安全设施进行竣工验收，并形成书面报告备查。安全设施竣工验收合格后，方可投入生产和使用。

4. 试运行管理

及时组织改扩建项目试运行各项准备工作，组织设计、施工、监理和生产工程技术人员进行安全检查，保证改扩建项目处于试运行状态；编制改扩建项目试运行方案、开展试运行安全条件检查，配备试运行所需资源，严格管控试运行现场，做好试运行安全监护。

5. 竣工验收管理

委托具备相应资质的安全评价机构对改扩建项目及其安全设施试生产（使用）情况进行安全验收评价。由改扩建项目管理部门统筹做好改扩建项目整体竣工验收，验收资料归档。

项目投入生产和使用前，组织开展项目安全设施、职业病防护设施、工程质量竣工验收。

9.4 变更管理

标准原文

> 企业应建立变更的管理要求，明确变更的分级、申请、审批、实施、验收等内容。
>
> 应对变更可能导致的安全风险及其影响进行分析，制定相应的控制措施，履行审批程序，并告知和培训相关从业人员。
>
> 应对机构、人员、管理、工艺技术、设备设施、作业环境等变更的风险进行过程管控，并组织开展变更验收。
>
> 变更后应及时修订管理制度、规程标准等文件。

标准溯源

➡ 《关于加强化工过程安全管理的指导意见》（2013年）

"十、变更管理"中明确了"企业应建立变更管理制度，对工艺技术变更、设备设施变更、管理变更等进行管理，变更管理的程序包括申请、审批、实施、验收等过程"。

➡ 《化工过程安全管理导则》（AQ/T 3034—2022）

4.15.1　变更管理制度

企业应建立变更管理制度：变更管理制度至少包含需纳入变更管理的范围、变更分类分级原则、管理职责和程序、变更风险辨识及控制、变更实施及验收等内容。

➡ 《职业健康安全管理体系　要求及使用指南》（GB/T 45001—2020）

8.1.3　变更管理

规定了组织应建立过程，用于实施和控制所策划的、影响职业健康安全绩效的临时性和永久性变更。这些变更包括：

a) 新的产品、服务和过程，或对现有产品、服务和过程的变更，包括：工作场所的位置和周边环境、工作组织、工作条件、设备、劳动力；

b) 法律法规要求和其他要求的变更；

c) 有关危险源和职业健康安全风险的知识或信息的变更；

d) 知识和技术的发展。

组织应评审非预期性变更的后果，必要时采取措施，以减轻任何不利影响。……

➡ 《企业安全生产标准化基本规范》（GB/T 33000—2016）

5.5.1.4　变更管理

企业应制定变更管理制度。变更前应对变更过程及变更后可能产生的安全风险进行分析，制定控制措施，履行审批及验收程序，并告知和培训相关从业人员。

📝 **标准要义**

变更管理是指企业对机构、人员、管理、工艺、技术、设备设施、作业环境等永久性或暂时性的变化进行有计划的控制，以消除或减少对安全生产的影响。变更按类型可分为管理变更、工艺变更、技术变更、设备设施变更、作业环境变更等，按变更带来的风险大小，可分为重要变更和一般变更。

重要变更通常是指对项目或产品产生重大影响的变更，这些变更可能涉及技术标准、设计方案、材料替换、生产工艺等多个方面，可能对工程质量、安全、工期、投资、效益、环境等方面产生显著影响；一般变更通常是指在现有设计参数、规格型号、环境条件、管理标准许可范围内的改变，其影响较小、不会造成人身伤害或重大工艺参数、规格型号、环境条件、管理标准等的改变，企业可根据实际情况及产业相应判断标准和影响因素进行细化分级。

因变更会改变原有的工作内容、方式、方法等，可能会削弱原有的风险控制能力或产生新的风险隐患，如不及时采取相应的管控措施，极易导致事故发生。2015年3月18日，山东省滨州市某化工公司发生爆炸，造成4人死亡，2人受伤。事故原因是企业未办理变更审批手续，未对受限空间进行有效隔绝，对变更催化剂及氮气变氢气进塔管线变更过程没有进行风险分析，没有采取相应的安全措施。因此，企业要加强变更全过程管控，降低因变更引起的安全风险。

实施要点

1. 建立变更管理制度

企业要结合行业要求和本单位特点，建立变更管理制度，明确变更管理的职责、内容、分级、分类、管理程序等要求，遵循"先申请、再批准、后实施"的原则，严格开展变更管理评估和规划，对变更的风险进行全过程管控，促进变更管理的规范化。

2. 变更风险评估

企业要对变更项目的可行性和变更后可能带来的潜在风险进行充分识别及评估，制定管控措施或方案，对于风险不可控的项目不允许进行变更。涉及重要变更的，要对管控措施或方案进行评审，必要时组织专家论证，确保变更带来的安全风险得到充分识别、有效控制，尽可能消除或减少变更带来的潜在风险。

3. 变更申请和审批

变更需求单位向主管部门提交变更申请，应说明申请变更的原因、目的、变更类型、变更内容、潜在风险及控制措施、预计实施时间、实施方案、变更涉及的相关方、变更后预期达到的效果、需更新的文件资料等。各单位可根据实际情况，对变更申请作进一步规定和要求。

企业根据变更的分级分类，履行审批程序，审批人重点审查变更流程、变更风险评估的准确性以及措施的有效性。任何变更未经审批同意不得实施。

4. 变更实施

变更需求单位在变更实施前要对可能受影响的相关人员进行安全技术交底，严格按照变更审批确定的内容和范围实施，实施过程中要严格落实风险控制措施。实施过程中方案、措施需要调整的，须重新履行审批手续。

5. 变更培训

变更需求单位要对变更可能受影响的本单位人员、承包商、供应商、外来人员及时进行相应的培训和沟通。培训内容包括变更目的、作用、变更内容及操作方法、变更后可能产生的风险和影响、风险的管控措施、同类事故案例等。

6. 变更验收

设备、设施、工艺变更投用前，变更需求单位要组织开展投用前的安全条件确认验收，验收合格后方可投用。变更验收内容包括变更的基础资料、现场实施情况以及变更后相关制度、措施、图纸等修订情况。变更需求单位要收集和建立变更管理档案，至少包括变更申请审批记录、变更实施的方案及措施、变更验收记录以及更新后的规程、图纸、说明书等。

9.5　辅助安全

9.5.1　配套服务

▣ 标准原文

> 企业应为保障安全生产提供交通、治安、后勤、办公等配套服务，并规范管理。

▣ 标准溯源

➡ 《中华人民共和国劳动法》（2018 年修订）

第五十三条　劳动安全卫生设施必须符合国家规定的标准。新建、改建、扩建工程的劳动安全卫生设施必须与主体工程同时设计、同时施工、同时投入生产和使用。

➡ 《企业事业单位内部治安保卫条例》（2004 年修订）

《企业事业单位内部治安保卫条例》对"企业内部治安保卫工作，从工作方针、职责、工作要求、重点单位重点部位的特别规定"等方面作出了明确要求。

➡ 《健康中国行动（2019—2030 年）》（2019 年）

（四）控烟行动

……鼓励企业、单位出台室内全面无烟规定,为员工营造无烟工作环境,为员工戒烟提供必要的支持。……

(九) 职业健康保护行动

……鼓励用人单位为劳动者提供整洁卫生、绿色环保、舒适优美和人性化的工作环境,采取综合预防措施,尽可能减少各类危害因素对劳动者健康的影响,切实保护劳动者的健康权益。……

标准要义

配套服务是指企业为保障安全生产而提供的必要的支持性、配套性、多样性服务。

企业要践行"以人为本、服务为本"的理念,为从业人员提供安全、健康、环保的生产配套服务,增强从业人员的团队凝聚力,提高从业人员的获得感、幸福感、安全感、归属感。企业的辅助配套服务工作做得好与坏,直接关系到企业从业人员的工作环境、工作情绪以及工作效率。高质量的配套服务可让从业人员在日常工作生活中感受到企业的关爱,激发积极情绪和工作热情,将个人价值最大限度地发挥出来,从而提高企业安全生产水平,促进企业高质量、可持续发展。

(1) 交通保障。为从业人员上下班通勤提供交通服务与安全保障。货物运输、前往作业地点等厂内交通运输安全也应纳入生产管理。

(2) 治安保卫。为从业人员工作生活创造一个稳定、安全的环境,防范和应对各类安全事件,保障从业人员的人身安全。

(3) 后勤保障。为从业人员正常工作生活提供必要的物质基础,提高从业人员的工作和生活质量,使其一心一意搞好本职工作。

(4) 办公条件。为从业人员提供整洁、有序、安全、舒适的办公场所,让从业人员保持心情舒畅,更加专注于工作,减少外界因素的干扰,减少因疲劳造成的事故事件。

实施要点

1. 交通安全保障服务

企业要为从业人员提供交通安全保障服务,结合本单位生产实际,制定交通安全管理制度,通过建立车辆、驾驶人员、行车审批、调度运行、行驶路线、在线监控、车辆集中管理、厂内道路和铁路专用线等安全运行管控要求,对交通通勤安全进行风险管控。

定期组织开展通勤车辆驾驶员安全培训、警示教育，以及通勤车辆维护和保养。

雨雪、冰冻等极端天气通勤时，要评估行车风险，制定行车防控措施，不满足行车条件时，应停驶停运。

2. 治安保卫服务

企业要建立治安保卫管理要求，必要时，对固定作业区域、重点防范区域、工地等实施封闭化管理。对作业区域周界及范围内进行流动巡查，对人员和车辆出入进行控制。

企业要按照重点目标防范等级，建立符合国家治安反恐防范要求的人防、物防、技防等设施。通过安全巡逻、建立报警机制和视频监控等措施，保障从业人员的人身安全，经常性开展安全教育培训和演练，提高从业人员的安全意识和应对突发事件的能力。

治安保卫工作委托给外部公司的，要统一执行治安保卫管理要求。

3. 后勤保障服务

企业要为从业人员提供高品质的餐饮服务，让从业人员吃得好、吃得健康、确保从业人员拥有健康的身体；提供舒适安全的住宿服务，让从业人员休息好，有利于从业人员保持充沛的精力；提供体育文娱服务，设置体育锻炼设备设施、阅读书屋等，改善从业人员身体素质，增强体力和耐力，鼓励从业人员学习专业知识，提升专业技能。

4. 办公保障服务

企业要为从业人员提供充分的、高效的办公条件、设备设施和舒适整洁的办公环境，提高从业人员的积极性和工作热情，高效率完成工作任务。

9.5.2 工余安全

标准原文

企业应识别工余安全风险，开展工余安全宣传教育，提高从业人员工余安全防范意识和应急处置能力，鼓励从业人员及时报告工余安全事件。

标准溯源

➡ 《煤矿安全风险预控管理体系规范》（KA/T 1093—2011）

4.7.10 煤矿应了解和掌握员工工余安全健康状况，对员工工余安全健康进

9 生产管理

行管理，并应：

a）定期组织员工开展有关工余安全、健康方面的知识培训和宣传、教育活动，在员工业余活动集中区域张贴工余安全健康的宣传资料；

b）组织员工对工余安全健康风险进行评估，并制定防范措施；

c）鼓励员工汇报工余安全健康事故，并形成制度。

标准要义

工余安全是指法律规定的工作之余从业人员安全行为及活动，包括交通、消防、防盗、情绪、户外活动、公共安全、食品安全等方面。

工作之外和工作之内的安全对于企业来说同样重要。通过加强从业人员工余安全管理，使从业人员树立"工作时间我负责，工余时间我有责"的理念，合理引导从业人员协调好工余活动与休息时间，关注从业人员的身心状态和行为习惯，有效杜绝疲劳过度、情绪异常时上岗作业，保证从业人员上岗前具有良好的工作情绪、思想状态及安全意识，确保企业生产经营工作安全稳定运行。

实施要点

1. 风险识别

企业通过座谈、调研等方式对交通、户外活动、公共安全、食品安全等方面的安全风险进行识别和管控，制定相应的风险控制措施。分析总结工余安全管理"薄弱点""风险点"，编制工余安全风险提示清单。

2. 宣传教育

企业通过开辟专栏，充分利用 LED 显示屏、多媒体显示屏、板报、墙报、展报、宣传栏、文化走廊、活动园地等各类宣传阵地，采用视频播放、资料发放、知识竞赛、试卷问答、事故警示案例、漫画、动漫等宣传形式，加强工余安全宣传教育。

企业要组织开展包括工余安全法律法规、安全意识和知识、工余安全事故预防、应急处置等培训，如交通、消防、防盗、毒品、酒精、情绪、野外活动、公共安全、食品安全等方面的危害识别及预防，提高从业人员对工余安全的认知水平和安全意识。工余安全培训可与从业人员培训同时开展。

3. 报告

企业要对主动报告工余安全事故事件的从业人员给予奖励，建立工余安全事故事件台账，及时调查、分析，并发布提示、警示信息，对有代表性的进行广泛宣传。

9.6 相关方管理

9.6.1 承包商

> **标准原文**

> 　　企业应建立承包商安全管理要求，明确职责分工、安全准入条件、过程安全管控、安全生产绩效评价等内容，实施无差别、一体化管理。
> 　　应对外部委托项目进行分类管理，建立外部委托项目清单以及禁止外委、限制外委项目清单。
> 　　应将安全管理、诚信履约等情况作为承包商选择的重要内容，并与承包商签订安全管理协议，明确安全生产责任和要求。
> 　　在承包商入场前，应对人员资格、设备设施安全性能等进行核验，并对承包商人员进行安全培训，告知安全风险。
> 　　应对承包商进行全过程监督检查，定期考核，并纳入履约评价。

> **标准溯源**

⇒ 《中华人民共和国安全生产法》（2021年修订）

　　第二十八条　……生产经营单位使用被派遣劳动者的，应当将被派遣劳动者纳入本单位从业人员统一管理，对被派遣劳动者进行岗位安全操作规程和安全操作技能的教育和培训。劳务派遣单位应当对被派遣劳动者进行必要的安全生产教育和培训。……

　　第四十九条　生产经营单位不得将生产经营项目、场所、设备发包或者出租给不具备安全生产条件或者相应资质的单位或者个人。

　　生产经营项目、场所发包或者出租给其他单位的，生产经营单位应当与承包单位、承租单位签订专门的安全生产管理协议，或者在承包合同、租赁合同中约定各自的安全生产管理职责；生产经营单位对承包单位、承租单位的安全生产工作统一协调、管理，定期进行安全检查，发现安全问题的，应当及时督促整改。

　　……

⇒ 《中央企业安全生产监督管理办法》（2024年修订）

　　第三十二条　中央企业应当加强承包商安全管理，严格准入资质管理，把承

9 生 产 管 理

包商和劳务派遣人员统一纳入企业安全管理体系。禁止使用不具备国家规定资质和安全生产保障能力的承包商和分包商。

➡ 《企业安全生产标准化基本规范》(GB/T 33000—2016)

5.4.2.4 相关方

企业应建立承包商、供应商等安全管理制度，将承包商、供应商等相关方的安全生产和职业卫生纳入企业内部管理，对承包商、供应商等相关方的资格预审、选择、作业人员培训、作业过程检查监督、提供的产品与服务、绩效评估、续用或退出等进行管理。

📑 **标准要义**

承包商是指在企业的工作场所按照双方协定的要求向企业提供服务的个人或单位。

对承包商的管理一直是企业安全管理工作的难点和薄弱环节，主要原因是承包商多存在队伍分散、整体素质不高、安全意识淡薄、风险辨识不足、自我保护意识差、自主管理弱等问题，从而导致违规、违章现象比较普遍，发生事故的风险较大。据统计，石化行业每年发生的重大事故中，承包商在检修中发生的事故约占30%。

因承包商的工程、服务质量和安全管理程度直接影响到企业本身的工程质量、安全和工作进程，只有不断加强承包商准入、培训教育、安全监管、业绩考核、评价和淘汰等管理，才能有效把控承包商作业全过程安全风险，保障从业人员人身安全，确保项目安全和质量，降低安全事故发生的可能性和财产损失。

企业要将承包商安全管理纳入内部安全管理体系，实行"择优录用、规范管理、鼓励自营、有序退出、综合考评"的策略，采取"统一领导、分类管理、分级负责"的方式，严把承包商"准入关、过程关、考评关"，实现对承包商的闭环和动态管理。

📑 **实施要点**

1. 建立承包商管理制度

集团公司要遵循"谁采购、谁负责，谁主管、谁负责，谁使用、谁负责"的原则，建立集团承包商安全管理规章制度，组织建立集团承包商安全管理信息系统和外委人员黑名单库，建立承包商绩效考评体系，对集团承包商准入和退出进行管理，指导、监督、检查和考评子（分）公司承包商管理工作。

133

子（分）公司对本单位承包商进行安全监督管理，制定本单位承包商管理制度，对外委项目进行分类管理，按照标准规范开展承包商安全生产绩效评价工作。

基层单位按照"五个统一"和"五个一样"要求，对本单位承包商开展安全管理，内容包括审查资质、签订协议、建立台账、安全教育和安全技术交底、作业过程安全管控和监督检查、承包商安全风险评估等。

2. 采购安全管理

子（分）公司、基层单位要根据实际情况，对外委项目进行分类管理，针对技术复杂、专业性要求高以及国家相关法规标准有特殊要求的项目，建立外委项目清单、禁止外委和限制外委项目清单。限制清单内的项目外委，企业要按照内部管理权限履行决策审批程序。

子（分）公司、基层单位要全面审查承包商资质、专业许可证、安全绩效、人员资格、事故情况以及管理制度和机制、考核评价等事项，优先录用安全管理水平高、诚信履约情况好的承包商。总承包单位发包专业工程或劳务作业以及专业承包单位发包劳务作业时，不得发包给已列入"失信处置名单"的承包商。

3. 准入安全管理

子（分）公司、基层单位要与承包商签订安全生产管理协议，明确安全生产责任和要求，总承包商与分包单位及分包单位间签订安全生产管理协议要报业主单位备案。项目开工前，子（分）公司、基层单位须将承包商相关信息录入集团安全管理信息系统，有针对性地对外委人员开展上岗前三级安全培训教育，并对项目经理、安全、技术管理人员及其他人员进行安全、技术交底，所有信息经审核、分管领导批准后方可开工。

4. 过程安全管理

（1）开工前准备。子（分）公司、基层单位要对作业人员进行安全意识、作业风险、作业控制和现场应急等方面的入厂安全教育，安全教育考试合格后方可入厂。对承包商的安全作业计划和施工方案（风险辨识结果、安全措施和应急预案等）进行审核，对作业人员进行现场安全交底，告知现场作业风险，以及应急措施和防护要求等。

（2）作业过程管控。子（分）公司、基层单位要做好施工过程安全管理，配足管理人员，落实安全管理制度，对作业过程进行全链条、全方位、无死角管理。作业过程中，基层单位通过日常巡查、带班作业、安全稽查等方式，加强生产施工、岗位标准作业流程执行、安全、质量、工期进度、文明生产管控等进行全过程监督检查，须对特级动火作业、受限空间作业等危险作业全程视频监控。

对出现严重违章、发生（未遂）事故以及存在重大隐患的承包商立即停工整顿。

鼓励基层单位采取人脸识别、视频监控、人员精准定位、电子围栏、智能化防护装备、计算机视觉等数字技术，对外委人员入场、作业风险辨识、不安全行为查处等进行智能化管控。

5. 安全绩效评价

子（分）公司、基层单位要定期对承包商资质、专业许可证、三类人员资格证书、事故情况等进行安全量化考核，每月在安全管理信息系统中对安全绩效进行评价，每年组织开展承包商安全能力评估、履约阶段的安全管理评估。考核评估不合格的列入外委人员黑名单。

定期向承包商反馈意见，督促和鼓励承包商制定安全改进计划，必要时可组织对承包商的安全管理体系进行审核，并将承包商在作业期间安全表现记录存档，作为承包商符合性评价的重要依据，实施"择优淘劣"。

9.6.2　供应商

标准原文

> 企业应对供应商提供的设备、材料等产品安全性能进行检查或验证，确保采购产品符合安全标准。必要时，驻厂监造。
> 供应商人员提供入厂服务的，纳入承包商管理。

标准溯源

➡ 《企业安全生产标准化基本规范》(GB/T 33000—2016)

3.6　供应商　supplier
供应商是为企业提供材料、设备或设施及服务的外部个人或单位。

5.4.2.4　相关方
企业应建立承包商、供应商等安全管理制度，将承包商、供应商等相关方的安全生产和职业卫生纳入企业内部管理，对承包商、供应商等相关方的资格预审、选择、作业人员培训、作业过程检查监督、提供的产品与服务、绩效评估、续用或退出等进行管理。

标准要义

供应商是指为企业提供材料、设备设施、工程或服务的法人或非法人组织。

供应商提供的材料、设备设施、工程或服务好与坏，直接影响到企业的产品质量、生产安全等。合格、稳定的供应商是企业产品、技术和资源等生产和运营的重要保障。企业基于"统一管理、动态考核、同级竞争、扶优汰劣"的原则，建立制度化、标准化、信息化的供应商全生命周期信用管理体系，可有效防范采购风险，打造和谐友好、合作共赢的供应链生态体系。

实施要点

1. 建立供应商管理制度

集团公司要建立供应商管理相关制度、标准和流程，组织建立统一的供应商管理信息系统和供应商库，建立供应商绩效考评体系，开展供应商准入和退出管理等，指导、监督、检查和考评子（分）公司供应商管理工作。

子（分）公司、基层单位要对本单位供应商进行安全管理，组织短名单公开招标、现场考察及验收等工作，按照标准规范开展供应商绩效考评工作。

2. 采购安全管理

子（分）公司、基层单位要对采购的设备、材料等产品进行安全风险评估，根据评估结果制定相应的安全标准和安全控制措施。在与供应商签订合同时，要明确安全要求和标准，并在采购过程中持续监控，必要时，驻厂监造。对采购的产品按约定的要求和标准检查或验证，确保所采购产品符合安全标准。

3. 其他安全管理

对提供入厂（站）服务的供应商，纳入承包商管理。

10 健 康 管 理

10.1 健康企业

> **标准原文**
>
> 企业应以职工健康为中心，全面实施"健康中国"行动，通过建设健康工作室、健康小屋、健康食堂、疗养活动等多种途径、多种方式推进健康企业建设，改善企业环境，提升健康管理和服务水平，满足员工健康需求。
> 应广泛开展健康知识普及，选树"职业健康达人"，引导员工健康生活方式。

标准溯源

➡ 《健康中国行动（2019—2030 年）》（2019 年）

（六）健康环境促进行动

……制定健康社区、健康单位（企业）、健康学校等健康细胞工程建设规范和评价指标。……

（九）职业健康保护行动

……提倡重点行业劳动者对本岗位主要危害及防护知识知晓率达到 90% 及以上并持续保持；鼓励各用人单位做好员工健康管理、评选健康达人，其中国家机关、学校、医疗卫生机构、国有企业等用人单位应支持员工率先树立健康形象，并给予奖励；对从事长时间、高强度重复用力、快速移动等作业方式以及视屏作业的人员，采取推广先进工艺技术、调整作息时间等措施，预防和控制过度疲劳和工作相关肌肉骨骼系统疾病的发生；采取综合措施降低或消除工作压力。将"健康企业"建设作为健康城市建设的重要内容，逐步拓宽丰富职业健康范围，积极研究将工作压力、肌肉骨骼疾病等新职业病危害纳入保护范围。推进企业依法履行职业病防治等相关法定责任和义务，营造企业健康文化，履行企业社会责任，有效保障劳动者的健康和福祉。

➡ 《关于推进健康企业建设的通知》(2019年)

2019年10月,全国爱卫办、国家卫生健康委、工业和信息化部、生态环境部、全国总工会、共青团中央全国妇联联合发出《关于推进健康企业建设的通知》(全爱卫办发〔2019〕3号),对推进健康企业建设工作提出了要求。同时发布《健康企业建设规范(试行)》,供相关单位参照执行。

➡ 《关于开展争做"职业健康达人"活动的通知》(2020年)

2020年12月,国家卫生健康委办公厅、中华全国总工会办公厅发出《关于开展争做"职业健康达人"活动的通知》,旨在为进一步推动用人单位落实主体责任,加强职业健康管理,切实保护劳动者职业健康。同时发布了《"职业健康达人"基本标准》。

标准要义

为适应全民健康和社会经济良性协调发展的需要,积极应对健康问题,提高群众生活质量,延长健康寿命,国务院发布了《健康中国行动(2019—2030年)》。该行动提出将"健康企业"建设作为健康城市建设的重要内容。健康企业是指依法履行职业病防治等相关法定责任和义务,全面承担企业社会责任,工作环境健康、安全、和谐、可持续发展,从业人员健康和福祉得到有效保障的企业。通过建设健康企业,将全员健康理念融入企业发展全过程,在各项工作计划和安排上坚持大健康要求,实现全体从业人员职业健康、身体健康、心理健康的相互促进、同步提高,提升全员的健康素养,让从业人员的获得感、幸福感、安全感更加充实、更有保障、更可持续,为企业高质量发展提供支持和保障。

"职业健康达人"指企业中自觉树立健康意识、主动践行健康行为、积极参与健康管理、善于传播健康理念、具有较好健康影响力的职业健康代表人物。评选"职业健康达人"是企业营造健康文化,建设健康企业的重要内容。通过评选"职业健康达人",发挥榜样引领带动作用,激励更多从业人员参与到职业健康管理的行列中,有助于推进职业病防治主体责任落实、工作场所环境和劳动条件持续改善、从业人员职业健康意识和素养提升。

实施要点

1. 创建健康企业

企业要积极创建和培育健康企业,重点开展健全管理制度、建设健康环境、提供健康管理与服务、营造健康文化等工作。

集团公司成立健康企业创建工作领导小组，牵头健康企业创建总体工作，明确创建目标、创建内容及工作计划，制定健康企业创建指南及评估标准。每年第一季度，健康企业工作领导小组对验收通过健康企业的单位予以表彰、授牌，在年度考核中作为加分项兑现。

子（分）公司、基层单位要结合本单位实际，制定健康企业创建实施方案，明确创建时间表，落实创建阶段任务，定期开展创建评估。同时，还要积极参加国家、省市级卫生健康部门、行业协会主办的健康企业评审及案例征集活动，为树立健康意识、践行健康行为、参与健康管理和传播健康理念发挥中央企业示范引领作用。

2. 评选"职业健康达人"

企业制定"职业健康达人"评选标准，包括必备条件和核心指标两部分。必备条件包括基本条件、健康素养、自主健康管理、健康影响力四个方面，为一票否决项。核心指标包括"健康形象""健康素养""健康管理""健康影响力"四个方面。

企业每年至少组织一次"职业健康达人"评选活动。根据评选标准，对各项指标分值达到要求的授予"职业健康达人"称号，采取颁发荣誉证书、发放奖金等方式对获得者进行适当表彰奖励。"职业健康达人"获得者通过宣传演讲、日常提醒、公益活动等方式传播职业健康先进理念和做法，推进企业职业健康管理。

10.2 职业健康

标准原文

> 企业应建立职业健康管理要求，明确职业病前期预防、生产过程中的防护与管理、职业病诊断与病人保障、监督检查等内容。
>
> 应设置职业健康管理机构或配备专职管理人员，制定职业病防治计划和实施方案。
>
> 应采取工程技术、组织管理等预防措施，从源头上消除和控制影响健康的危害因素，为从业人员提供安全健康的工作环境和劳动条件。
>
> 应对职业病危害因素进行动态监控和定期检测、评价、公示，及时申报职业病危害项目，对超标场所进行治理，完善防护设施和应急设备设施。

> 应为从业人员提供防护用品，宜配备智能防护、智能健康监测等装备用品。
>
> 应组织上岗前、在岗期间和离岗时的职业健康检查，建立健康监护档案，对职业病病人进行治疗、康复并妥善安置，保障从业人员职业健康权益。

标准溯源

➡ 《中华人民共和国安全生产法》（2021 年修订）

第五十二条　生产经营单位与从业人员订立的劳动合同，应当载明有关保障从业人员劳动安全、防止职业危害的事项，以及依法为从业人员办理工伤保险的事项。……

➡ 《中华人民共和国职业病防治法》（2018 年修订）

《中华人民共和国职业病防治法》对"职业病前期预防、劳动过程中的防护与管理、职业病诊断与病人保障、职业卫生监督管理、法律责任"等作出了一系列的规定。

➡ 《工作场所职业卫生管理规定》（2021 年）

第八条　职业病危害严重的用人单位，应当设置或者指定职业卫生管理机构或者组织，配备专职职业卫生管理人员。

其他存在职业病危害的用人单位，劳动者超过一百人的，应当设置或者指定职业卫生管理机构或者组织，配备专职职业卫生管理人员；劳动者在一百人以下的，应当配备专职或者兼职的职业卫生管理人员，负责本单位的职业病防治工作。

第十八条　用人单位应当对职业病防护设备、应急救援设施进行经常性的维护、检修和保养，定期检测其性能和效果，确保其处于正常状态，不得擅自拆除或者停止使用。

标准要义

职业健康是健康企业建设的重要基础和组成部分，随着健康中国战略的全面实施和平安中国建设的不断深入，保障从业人员健康面临传统职业病防治和工作相关疾病预防的双重挑战。据国家卫生健康委统计，2019—2024 年我国报告职

10 健　康　管　理

业健康检查个案 7000 多万人次，发现疑似职业病 7.67 万例，发现职业禁忌证 115.6 万例。在某些行业由于职业病导致人员的死亡数量甚至超过了生产安全事故。目前我国职业病发病率最高的为尘肺病，占比 71%，死亡率高达 22.04%。

企业要充分认识职业健康工作的重要性和艰巨性，以及面临的严峻形势，切实增强做好职业病防治工作的使命感和紧迫性。企业应建立健全职业健康管理制度，实施有效的职业健康工程技术及管理措施，从源头上消除和控制影响健康的危害因素，为从业人员提供安全健康的工作环境和劳动条件，预防和减少职业病的发生，提高其获得感、幸福感、安全感，降低生产安全事故发生概率。

实施要点

1. 建立职业健康管理制度

企业要建立职业健康管理制度，成立职业健康管理机构，配置专职职业健康管理人员，明确职业病危害防治责任、职业病前期预防、危害因素监测防控和评价、职业病危害项目申报、建设项目职业病防护设施"三同时"、职业病诊断与病人保障、监督检查、救助关爱等管理要求。

2. 职业病防治计划和方案

企业要每年制定职业病防治计划、确定职业病治理项目、实施方案。按照"五定"原则明确责任部门、责任人、标准、费用、完成时间等，职业病防治工作计划应纳入各单位生产计划中。

3. 职业健康宣传培训

企业要制定职业健康培训年度计划，通过定期组织培训、互动交流、案例分析、实操训练等多种形式，开展职业病防治宣传培训，普及职业健康知识。对企业主要负责人和职业健康管理人员，开展与所从事的生产经营活动相适应的职业健康知识、管理能力培训；对从业人员及职业病危害严重岗位的人员，上岗前、在岗期间开展职业健康培训，督促从业人员遵守职业病防治的法律、法规、规章、国家职业卫生标准和操作规程。因变更工艺、技术、设备、材料，或者岗位调整导致从业人员接触的职业病危害因素发生变化的，企业要重新对从业人员进行上岗前的职业健康培训。

4. 职业病危害因素监测与防控

子（分）公司、基层单位要建立职业病危害因素监测清单，指定专（兼）职职业病危害因素监测人员，配备或装备相应的监测仪器设备，进行日常监测工作。宜配备职业病危害因素在线监测系统，提高作业场所职业病危害因素连续监测能力。

141

存在职业病危害的子（分）公司、基层单位，应委托有资质的职业卫生技术服务机构，每年至少进行一次职业病危害因素检测。职业病危害严重的，每三年至少进行一次职业病危害现状评价。检测、评价结果应向从业人员公布，并向所在地卫生行政部门报告。

积极开展职业病危害因素的源头治理工作，采用有利于预防职业病和保护从业人员健康的新技术、新工艺、新设备、新材料，改进现有防尘、防毒、防噪等技术，提高防护效果，并做好日常维护。

5. 防护用品配备

企业要为从业人员配备符合相关标准的个体防护装备，如防尘口罩、防毒面具、防噪声耳塞等，并确保其完好性和有效性。宜为从业人员配备如智能防护眼镜、智能手环等智能防护、健康监测等装备，及时发现从业人员潜在的健康问题，以提供更加智能化、个性化的健康保护。

6. 健康监护及档案

企业要为从业人员进行上岗前、在岗期间和离岗时的职业健康检查，建立健康监护档案，对疑似职业病病例及时安排复查和诊断，对于确诊的职业病病人，按照国家规定给予治疗、康复并妥善安置，保证其合法权益得到保障。

10.3　心理健康

标准原文

> 企业应关注从业人员的心理状况，为从业人员提供心理疏导、精神慰藉等服务。
>
> 应开展心理健康科普教育、安全心理培训、心理健康评估等活动，重点对作业环境艰苦、劳动强度较大、工作场所偏远等人员进行组织关怀，对新入职、违章次数较多、情绪不稳定等人员进行关注。

标准溯源

➡ 《中华人民共和国安全生产法》（2021年修订）

第四十四条　……生产经营单位应当关注从业人员的身体、心理状况和行为习惯，加强对从业人员的心理疏导、精神慰藉，严格落实岗位安全生产责任，防范从业人员行为异常导致事故发生。

10　健　康　管　理

➡ 《中华人民共和国精神卫生法》(2018年修订)

第十三条　各级人民政府和县级以上人民政府有关部门应当采取措施，加强心理健康促进和精神障碍预防工作，提高公众心理健康水平。

📋 标准要义

人的心理状态是极难预判和控制的，在工作中可能出现情绪波动、脑力疲惫、注意力下降、侥幸心理等情况，导致生产中不可避免地出现不安全行为，从而引发事故。更为严重的是，当从业人员存在的心理问题长期得不到缓解时，可能导致极端行为，故意制造生产安全事故，造成重大人员伤亡和财产损失。2020年7月7日，贵州省安顺市公交坠湖事故造成21人死亡、15人受伤，其原因是公交车司机因生活不如意和对拆除其承租公房不满，为制造影响，针对不特定人群实施了危害公共安全个人极端犯罪。

汲取有关事故的经验教训，2021年新修订的《中华人民共和国安全生产法》，增加了生产经营单位应当关注从业人员的身体、心理状况和行为习惯，加强对从业人员的心理疏导、精神慰藉，严格落实岗位安全生产责任等要求。因此企业要将从业人员的心理健康视为企业发展的重要组成部分，实现严格管理和人文关怀相统一，采取多种措施关注、关心、保障从业人员心理健康，确保从业人员能够得到及时、有效的心理健康援助。重点关怀和关注特殊工作环境和劳动条件下的作业人员以及新入职、违章次数较多、情绪不稳定的人员（简称"两类人群"），及时疏导其精神和心理问题，避免因其行为异常导致事故发生。

📋 实施要点

1. 普及心理健康知识

企业要把心理健康教育融入从业人员思想教育工作，为从业人员提供心理健康知识培训，帮助从业人员了解心理健康的重要性、常见心理问题及情绪管理、压力管理等自我心理调适方法。为管理人员提供心理健康素养识别培训，使其了解从业人员心理问题的表现、影响及应对策略。

2. 开展心理咨询与管理

企业依托人力资源、党团机构人员或相关专业人员，建立心理健康服务团队，配备专/兼职心理健康辅导人员/团队，为从业人员提供面对面的心理疏导、精神慰藉等咨询服务，整理并分享心理健康资源，如心理健康手册、在线课程等，帮助从业人员自我学习和调节心理状态。

企业根据实际需要，依托专业机构，定期对从业人员开展心理风险筛查测评，针对心理测评中发现存在潜在问题的从业人员，进行重点关注和跟踪，一旦发现问题加重或出现危急情况，立即启动干预程序。

企业宜配备基于互联网技术的心理健康服务相关设备和产品，如AI心理教育系统、情绪感知手环、脑电波心理分析设备、无感身心健康快速监测预警系统等，促进心理健康管理的科学化和精准化。

3. 改善工作条件

企业要为从业人员创造利于身心健康的工作环境，包括提供整洁舒适的工作场所、合理的工作时间等。通过优化工作流程、合理分配工作任务、定期提供反馈和认可等方式，减轻从业人员的工作压力。鼓励从业人员合理安排工作与休息时间，保持工作与生活的平衡。

4. 关怀特殊人群

企业要重点对两类人群进行关怀和关注。一是因作业环境艰苦、劳动强度较大、工作场所偏远，容易出现焦虑和孤独感等心理问题的从业人员，在工作中尽可能提供适当的支持和资源，在生活中给予及时的关心和帮助，并保障其应当享有的福利待遇。二是对新入职、违章次数较多或情绪不稳定的从业人员，应通过培训教育、谈心谈话、营造良好工作氛围等方式持续不断地加以引导控制。

11 应 急 管 理

11.1 一般要求

> 📋 **标准原文**
>
> 企业应建立应急管理要求,明确应急预案、队伍物资、培训演练、救援、恢复等内容。
>
> 应建立智慧化应急管理平台,构建多级联动、一体化的应急指挥机制,提升险情灾情监测预警和先期处置能力、响应速度、指挥决策准确性。

📋 **标准溯源**

➡ 《中央企业应急管理暂行办法》(2013 年修订)

第八条规定了中央企业应履行的应急管理职责,包括应急管理组织机构、应急预案、队伍物资、培训演练、救援、恢复等。

第二十三条 中央企业应当建设满足应急需要的应急平台,构建完善的突发事件信息网络,实现突发事件信息快速、及时、准确地收集和报送,为应急指挥决策提供信息支撑和辅助手段。

➡ 《生产安全事故应急预案管理办法》(2019 年修订)

第十二条 生产经营单位应当根据有关法律、法规、规章和相关标准,结合本单位组织管理体系、生产规模和可能发生的事故特点,与相关预案保持衔接,确立本单位的应急预案体系,编制相应的应急预案,并体现自救互救和先期处置等特点。

➡ 《生产经营单位生产安全事故应急预案编制导则》(GB/T 29639—2020)

《生产经营单位生产安全事故应急预案编制导则》规定了生产经营单位生产

安全事故应急预案的编制程序、体系构成和综合应急预案、专项应急预案、现场处置方案的主要内容以及附件信息。

> **标准要义**

应急管理是企业为防范应对突发事件而开展的预防、准备、响应和恢复等有组织、有计划的管理活动的总称,是遏制安全事故的"第三道防线"。做好应急管理工作对保障人员生命财产安全、减少事故损失、提高危机应变能力等具有重要意义。各类突发事件的应急管理案例表明,企业普遍存在领导干部应急指挥能力较弱、应急预案针对性及可操作性不强、应急培训演练质量不高、一线从业人员应急技能掌握不熟练等突出问题。因此,企业需要不断加强应急指挥、应急准备、应急救援、应急处置等能力以及应急资金保障工作,充分利用科技、信息技术,快速、准确收集事故灾害信息,及时调度救援人员和物资,监测监控事态发展,提高指挥决策的正确性、准确性和时效性,最大限度地减少人员伤亡和财产损失。

> **实施要点**

1. 建立应急管理制度

企业要建立应急管理制度,确定组织和职责、指挥机构、应急预案、队伍物资、培训演练、救援、恢复等内容,重点明确领导干部在事故研判、协调调度、危机决策等各方面的应急处置能力和要求,一线从业人员在准确判断、及时响应、正确处置、熟练操作等方面的先期应急处置能力和要求。

2. 建立并应用智慧化应急管理平台

企业宜建立智慧化应急管理平台,构建完善的多级联动、一体化应急的突发事件信息网络。实现对企业内外环境的实时监控和数据分析,及时发现异常情况,并通过预警系统向相关人员发送警报,启动预设的应急预案,实现自动化的先期处置,并快速及时准确地收集、整理、传递和共享突发事件现场有关信息,远程指挥和调度现场的应急人员和资源,预测和模拟险情灾情的发展趋势和可能的影响范围,为指挥决策提供全面、准确的信息支持。

11.2 应急准备

11.2.1 应急预案

> **标准原文**

企业应在风险评估、资源调查、案例分析的基础上,针对可能发生的事故特点及危害，科学编制具有针对性和操作性的综合应急预案、专项应急预案和现场处置方案，并对应急预案进行评审、发布、定期评估、适时修订。

应结合岗位风险特点，编制应急处置卡，明确报告、处置、救援和避险等事故初期应急处置要求。

应急预案应与相关联单位和地方政府的预案相互衔接，并按规定备案。

标准溯源

《中华人民共和国安全生产法》(2021年修订)

第八十一条　生产经营单位应当制定本单位生产安全事故应急救援预案，……

《生产安全事故应急条例》(2019年修订)

第五条　……生产经营单位应当针对本单位可能发生的生产安全事故的特点和危害，进行风险辨识和评估，制定相应的生产安全事故应急救援预案，并向本单位从业人员公布。

《中央企业应急管理暂行办法》(2013年修订)

第十四条　中央企业应当加强各类突发事件的风险识别、分析和评估，针对突发事件的性质、特点和可能造成的社会危害，编制企业总体应急预案、专项应急预案和现场处置方案，形成"横向到边、纵向到底、上下对应、内外衔接"的应急预案体系。中央企业应当加强预案管理，建立应急预案的评估、修订和备案管理制度。

《生产安全事故应急预案管理办法》(2019年修订)

《生产安全事故应急预案管理办法》规定了应急预案的编制，评审、公布和备案，实施，监督管理等要求。其中第十九条对"编制应急处置卡"作了明确规定。

《生产经营单位生产安全事故应急预案编制导则》(GB/T 29639—2020)

《生产经营单位生产安全事故应急预案编制导则》规定了生产经营单位生产安全事故应急预案的编制程序、体系构成和综合应急预案、专项应急预案、现场处置方案的主要内容以及附件信息。

标准要义

应急预案是针对可能发生的事故事件，为迅速、有序地开展应急行动，最大程度减少事故损害而预先制定的应急准备工作方案。科学编制有针对性和操作性的应急预案，对于第一时间应对生产安全事故具有重要意义。应急预案可分为综合应急预案、专项应急预案和现场处置方案。综合应急预案是为应对各种生产安全事故而制定的综合性工作方案；专项应急预案是为应对某一种或者多种类型生产安全事故，或者针对重要生产设施、重大危险源、重大活动防止生产安全事故而制定的专项性工作方案；现场处置方案是根据不同生产安全事故类型，针对具体场所、装置或者设施所制定的应急处置措施。

目前，受专业知识、技能水平、认识理解、人员素质等多种因素的限制，企业应急预案普遍存在针对性不足、可操作性不强等问题，应急预案流于形式，导致在事故应急处置中出现现场决策错误、处置不当、各方救援力量协调组织混乱、应急资源无法快速调集等问题，严重影响事故处置安全和效率。因此，企业要结合可能发生的事故特点及危害程度，充分做好风险评估、资源调查、案例分析等基础准备工作，编制应急预案。编制过程中，加强各部门的统筹协调，组织专业人员论证应急预案的科学性、针对性和可操作性，通过模拟演练、案例分析等方式对预案进行验证评估，定期对预案进行修订，始终保持预案的时效性，真正发挥好应急预案对平时应急准备、灾时应急指导的基础性作用。

实施要点

1. 建立应急预案体系

企业要建立应急预案体系，各层级应急预案之间应相互衔接配套。根据不同层级应急预案的适用范围及作用，结合本单位组织管理体系、生产规模和可能发生的事故特点，规范开展预案编制、评审、发布、备案、演练、评估、修订和培训等工作，确立本单位的应急预案体系。集团公司要编制综合应急预案，子（分）公司要编制综合应急预案、专项应急预案，基层单位要编制综合应急预案、专项应急预案和现场处置方案。

2. 编制应急预案

企业要成立应急预案编制工作组，明确各参与单位（部门）工作职责和任务分工，制订工作计划，组织开展应急预案编制工作。

（1）应急预案编制前，收集法律法规及规范性文件要求、风险辨识评估有关资料，调查本单位及周边单位和政府部门应急资源状况，客观评估本单位应急处置能力和应急资源储备情况。

（2）应急预案编制时，确定应急组织机构的形式及组成、职责分工及适用范围，依据事故危害程度、影响范围等确定响应级别，明确有关预警和信息报告要求，响应启动程序和应急处置、救援、支援措施，救援结束后的检查及后期处置，应急保障和应急恢复等内容。应急预案编制要符合有关法律法规及规范性文件要求，具有科学性、针对性和可操作性，并确保与上级单位、地方政府及行业主管部门的应急预案相互衔接、协调一致。为提高预案的直观性和可操作性，可采用附图、附表等形式表述相关内容，如事故报警流程图、应急指挥组织架构图、信息报送程序流程图等，应急队伍、应急物资、应急通信等信息以清单形式展现等。

（3）应急预案初步编制完成后，企业要通过桌面推演、案例分析等方式模拟生产安全事故应对过程，对应急预案的针对性与可行性进行验证评估并进一步完善。

（4）应急预案发布前，企业要组织具有安全生产、应急管理及现场处置经验的有关专家针对风险评估和应急资源调查的全面性、应急预案体系设计的针对性、组织体系的合理性、应急响应程序和措施的科学性、应急保障措施的可行性、应急预案的衔接性等内容对应急预案进行评审。应急预案发布后，按法律法规有关规定对应急预案进行备案。

（5）应急预案每三年至少修订一次。当企业隶属关系、设备设施、周边环境、面临风险、应急资源、应急组织机构等发生较大变化，或应急演练评估提出修订意见时，应及时修订预案。

3. 应急处置卡

针对关键岗位，企业要根据岗位风险特点编制应急处置卡，内容应简单、扼要、清晰，涵盖应急处置关键流程、措施、联系电话等重要信息，并将应急处置卡发放到岗位人员。

11.2.2 应急队伍和物资

标准原文

> 企业应按规定建立专（兼）职应急救援队伍，并与当地政府及其有关部门、邻近企业建立联动机制。不具备建立条件的，应与邻近的应急救援队伍签订应急救援协议。

> 应明确应急物资配备标准，设置应急设施，配备应急装备，储备应急物资，并定期检查、维护、保养，确保其完好、可靠。

标准溯源

《中华人民共和国安全生产法》(2021年修订)

第八十二条 ……危险物品的生产、经营、储存、运输单位以及矿山、金属冶炼、城市轨道交通运营、建筑施工单位应当配备必要的应急救援器材、设备和物资，并进行经常性维护、保养，保证正常运转。

《生产安全事故应急条例》(2019年修订)

第十条规定了企业应急救援队伍建设的要求。
第十一条规定了应急救援人员应当具备的必要条件。
第十三条规定了企业应当根据本单位可能发生的生产安全事故的特点和危害，配备必要的灭火、排水、通风以及危险物品稀释、掩埋、收集等应急救援器材、设备和物资。

《中央企业应急管理暂行办法》(2013年修订)

第十八条 中央企业应当按照专业救援和职工参与相结合、险时救援和平时防范相结合的原则，建设以专业队伍为骨干、兼职队伍为辅助、职工队伍为基础的企业应急救援队伍体系。

第二十条至第二十二条规定了中央企业应急装备和物资的储备相关要求。

标准要义

专业的应急救援队伍、先进的应急救援装备和充分的应急救援物资是迅速、有效开展救援行动，减少人员伤亡和财产损失的重要支撑和保障。2017年4月19日，陕西省榆林市某煤矿透水事故中井下被困6人成功获救，该事故累计投入救援人员3150人次，快速调用槽车、板车、吊车、救援钻机及救护车等各类抢险车辆608台次，铺设排水管路10212 m、电缆8224 m，安设水泵、移变等设备33台，并配置先进的救援器材和无线通信系统，为救援行动的顺利实施打下坚实基础。

因此，企业要加强应急救援力量保障工作，按规定建立专业的专（兼）职应急救援队伍，确保在突发事故发生时迅速、有效地进行处置与救援；加强应急物资储备及保障，确保在突发事件发生时快速、充分地提供所需的物资和资源，保障救援顺利实施。

实施要点

1. 建立应急救援队伍

企业要按照国家和行业有关规定建立专（兼）职应急救援队伍，并配齐各类应急救援人员。其中煤矿企业、大型发电厂、大型港口企业、生产储存易燃易爆化学危险品的大型企业，以及储备可燃重要物资的大型仓库、基地等须设置专职应急救援队伍，不具备条件的企业须设立兼职应急救援队伍，并与邻近具备相应资质的专职应急救援队伍签订救护协议。同时，结合国家和行业应急救援力量建设规划，积极培育建设国家级应急救援队伍，在重点区域增加国家级应急救援队伍数量，承担央企社会责任。

企业要积极组织开展应急救援队伍能力提升活动，至少包括以下内容：

（1）组织开展各级指挥员指挥决策和管理能力专项培训，常态化开展救援人员专业知识和技能培训，提高应急救援人员专业技能水平。

（2）开展日常战备训练，适时开展区域内多支应急救援队伍的联合应急演练，国家级应急救援队需开展跨区域、多灾种联训联练，提升队伍应急救援协同能力。

（3）积极参与、承办国家、省（自治区）组织的救援技术竞赛，建立与其他队伍的交流、联系机制，共享救援技战术经验，提高救援人员的应急救援技战术能力。

2. 配备应急装备物资

企业要建立应急装备物资保障机制，明确配备标准，并按标准配备、定额储备或区域联合储备应急装备和物资，定期检查、维护、保养，确保其完好、可靠。要对应急装备物资采取清单式管理，在应急预案或相关制度中，列出类型、数量、存放地点、运输使用条件和管理维护要求及联系人、联系方式等内容。应急装备物资不得挪作他用。国家级应急救援队要积极争取国家应急救援专项补助资金，并配备相关装备及物资。

企业要积极推动应急救援新技术新装备研发、列装、应用，加强自动排水机器人、应急处置机器人、无人化生命救援、弱通信条件及受限空间无人自动探测搜寻等智能化装备配备，鼓励应急指挥辅助决策等信息化系统研发。

11.2.3 应急培训和演练

> **标准原文**
>
> 企业应定期组织开展应急预案、应急知识、自救互救和避险逃生技能等培训,使从业人员了解应急预案内容,熟悉应急处置流程,掌握自救技能,提升安全避险及现场应急能力。
>
> 应制定应急演练计划,定期开展综合应急预案、专项应急预案、现场处置方案演练,并对演练情况进行记录、评估。
>
> 宜采取不预先通知的方式开展应急演练。

标准溯源

➡ 《中华人民共和国安全生产法》(2021年修订)

第八十一条 生产经营单位应当制定本单位生产安全事故应急救援预案,与所在地县级以上地方人民政府组织制定的生产安全事故应急救援预案相衔接,并定期组织演练。

➡ 《生产安全事故应急条例》(2019年修订)

第十五条 生产经营单位应当对从业人员进行应急教育和培训,保证从业人员具备必要的应急知识,掌握风险防范技能和事故应急措施。

➡ 《中央企业应急管理暂行办法》(2013年修订)

第八条 中央企业应当全面履行以下应急管理职责:

……

(二)编制完善各类突发事件的应急预案,组织开展应急预案的培训和演练,并持续改进。……

➡ 《生产安全事故应急预案管理办法》(2019年修订)

第三十一条 ……生产经营单位应当组织开展本单位的应急预案、应急知识、自救互救和避险逃生技能的培训活动,使有关人员了解应急预案内容,熟悉应急职责、应急处置程序和措施。应急培训的时间、地点、内容、师资、参加人员和考核结果等情况应当如实记入本单位的安全生产教育和培训档案。

11 应急管理

第三十三条 生产经营单位应当制定本单位的应急预案演练计划,根据本单位的事故风险特点,每年至少组织一次综合应急预案演练或者专项应急预案演练,每半年至少组织一次现场处置方案演练。

易燃易爆物品、危险化学品等危险物品的生产、经营、储存、运输单位,矿山、金属冶炼、城市轨道交通运营、建筑施工单位,以及宾馆、商场娱乐场所、旅游景区等人员密集场所经营单位,应当至少每半年组织一次生产安全事故应急预案演练,并将演练情况报送所在地县级以上地方人民政府负有安全生产监督管理职责的部门。……

➡ 《生产经营单位安全培训规定》(2015年修订)

第十二条 ……生产经营单位应当根据工作性质对其他从业人员进行安全培训,保证其具备本岗位安全操作、应急处置等知识和技能。

📝 标准要义

应急培训和演练是提升企业和从业人员应对突发事件能力的重要手段。通过定期开展应急培训,强化应急救援人员和从业人员避险意识,使其熟悉应急处置流程,掌握事件判断、自救互救、应急处置等各项应急技能。通过定期组织开展应急演练,检验应急指挥人员在事故研判、协调调度、危机决策等各方面应急处置能力,检验应急救援人员快速响应、处置事故灾害的真实能力及各救援力量的协同作战能力,检验从业人员险情判断、自救互救等能力,不断提升应急指挥人员和从业人员快速响应和处置水平。同时,验证应急预案编制的有效性和合理性。

📝 实施要点

1. 应急培训

企业要将应急培训纳入安全生产培训工作计划,每年至少组织开展一次对全体从业人员的法律法规、避险知识、自救技能等基本知识与技能的应急培训。领导干部还应定期接受应急指挥方面的培训,专(兼)职应急救援人员还应经专项救援技能培训并取得相应资格证书。

可通过实操演练、角色扮演等形式使从业人员熟悉应急预案的内容、流程和操作方法。鼓励采用数字化、智能化技术,为从业人员提供更真实的培训场景和体验,增强应急培训的参与感和学习效果。

2. 应急演练

子(分)公司、基层单位要制定年度应急演练计划,并报送集团安全监察部门和相关产业管理部门。每半年至少组织一次应急演练,并根据演练目的和演练内容,灵活采用桌面演练、实战演练、专项演练、综合演练等形式,鼓励采用事前不通知演练时间、地点和内容的突击式演练。

演练过程中应注重发挥生产运营协同调度信息化系统的应急指挥协同作用,加强信息获取和传递的时效性。应急演练结束后,召开评估会议,对演练活动进行分析和评价,找出问题和不足,提出整改要求和措施,并编制应急演练评估报告。演练过程的图片、视频、音频资料等均应归档保存。

11.3 应急救援

> **标准原文**

> 企业应在事故发生后,根据应急预案立即启动相应的应急行动,在确保安全的前提下进行应急救援。
>
> 应迅速采取控制措施,组织抢救遇险人员,并及时通知和撤离可能受到事故影响的单位和人员。
>
> 应维护事故现场秩序,加强事故现场监测预警,研判事故发展态势,防止事故危害扩大和次生、衍生灾害发生,必要时请求外部应急救援队伍参加救援。
>
> 应及时准确发布信息,正确引导社会和公众舆论。
>
> 应在现场应急救援结束后,组织人员对现场进行检查确认,消除现场存在的不安全因素,并对应急救援情况进行总结评估。

> **标准溯源**

⇨ 《生产安全事故应急条例》(2019年修订)

第十七条 发生生产安全事故后,生产经营单位应当立即启动生产安全事故应急救援预案,采取下列一项或者多项应急救援措施,并按照国家有关规定报告事故情况:……

⇨ 《中央企业应急管理暂行办法》(2013年修订)

第二十八条 造成人员伤亡或生命受到威胁的突发事件发生后,中央企业应当立即启动应急预案,组织本单位应急救援队伍和工作人员营救受害人员,疏散、撤离、安置受到威胁的人员,控制危险源,标明危险区域,封锁危险场所,并采取防止危害扩大的必要措施,同时及时向所在地人民政府和有关部门报告;……

⇨ **《生产安全事故应急预案管理办法》(2019 年修订)**

第三十九条 生产经营单位发生事故时,应当第一时间启动应急响应,组织有关力量进行救援,并按照规定将事故信息及应急响应启动情况报告事故发生地县级以上人民政府应急管理部门和其他负有安全生产监督管理职责的部门。

标准要义

事故发生后,企业应坚持以人为本、快速反应、科学施救、全力保障的原则快速响应,迅速组织力量,进行救援和处置。通过全面收集事故现场信息、准确研判事故发展趋势、调集专业的应急救援队伍和物资,选择并利用专业的救援装备和技术手段,抢救受伤受困人员,疏散、撤离、安置受到威胁的人员,采取防护措施控制事故扩大和次生、衍生灾害发生。实时监测、监控并预警事故灾害发展,提高救援精准性和效率,保障救援人员生命安全。

事故发生后,重点关注舆情发展及控制,降低对企业的负面影响。

实施要点

1. 应急响应

事故发生后,基层单位要根据应急预案响应标准启动应急响应,成立事故应急指挥部,按规定向集团公司、子(分)公司、当地政府及行业主管部门及时准确报告事故单位(部门)、时间、地点、背景、经过、造成的影响和危害、应急处置情况等。集团公司、子(分)公司要根据实际情况启动应急响应和设立事故应急指挥部。应急指挥部视情况设置担负综合协调、现场警戒与保护、抢险救援、治安交通、医疗救护、后勤保障、信息发布、善后处理等职责的小组。

2. 制定应急救援方案

利用无人机、机器人、卫星遥感等先进侦测设备或技术手段广泛收集、实时监测事故现场信息;全面、系统地评估事故灾害现场潜在的危险源、危险区域和危险事件,研判事故发展趋势以及可能造成的次生、衍生灾害,制定救援方案,明确救援范围、救援对象、时限要求、操作程序等,论证比较各种方案优缺点,科学确定救援方案,并组织实施。

3. 现场应急救援

根据事故灾害类型，调集相关应急救援队伍，调动相关领域的专家参与救援工作。事发单位和先期到达的应急救援队伍对事故灾害现场实施隔离控制、自救互救、疏散人员、封锁现场等处置措施。根据应急救援方案实施救援，结合现场实际情况，及时调整救援方案。当事故未能有效控制、发展迅速并可能造成更为严重的后果时，应提高应急响应级别或扩大应急响应范围。随时观察、分析或监测事故现场及周边情况，研判事故影响范围和变化趋势，必要时撤离救援人员。

4. 信息沟通与发布

事故发生后，涉舆（事）单位和知情部门（单位）应第一时间成立预警工作小组，启动舆情处置应急预案，分析研判舆情形势，制定专项应急工作方案，编制应答口径，拟定新闻发布和舆论引导计划，及时、准确对外发布事故信息和救援进展情况，启动向上级主管部门报告的相关工作。根据舆情态势和处置工作的进展，随时召开相关专题会议，研究解决问题，降低对企业的负面影响。

5. 现场确认与总结

现场应急救援结束后，组织人员检查事故灾害现场，确定事故涉及的设备和设施、场所、环境不安全因素得到控制或消除，及时对应急救援情况进行总结评估。

11.4 应急恢复

标准原文

企业应制定恢复方案，修复损毁的设备设施，恢复生产、生活秩序，统计事故损失。

标准溯源

▶《中央企业应急管理暂行办法》（2013年）

第三十条 突发事件的威胁和危害得到控制或者消除后，中央企业应当按照政府有关部门的要求解除应急状态，并及时组织对突发事件造成的损害进行评估，开展或协助开展突发事件调查处理，查明发生经过和原因，总结经验教训，制定改进措施，尽快恢复正常的生产、生活和社会秩序。

11 应 急 管 理

标准要义

应急恢复是指事故威胁和危害得到有效控制或消除,应急状态解除后,修复损毁的设备设施、场所、环境,使生产、工作、生活和生态环境恢复到正常状态而采取的措施或行动。在应急恢复过程中,还要注意采取或继续实施必要的防护技术或措施,防止次生、衍生事故或事件发生。

实施要点

企业要根据事故损失情况成立应急恢复小组,制定应急恢复方案,明确修复内容、时间节点、所需资源、责任分配、风险防范措施等。

事发单位要全面排查、整改事故现场存在的缺陷和隐患,组织生产恢复工作。根据应急恢复方案,对损坏的基础设施、设备设施、场所等进行修复或更新,对事故造成的土壤、水源、空气等环境危害采取封闭、隔离、清除、消除等措施,必要时进行监测、监控,采取适当的处置措施,直到环境条件恢复到国家环境保护标准要求。

事发单位要统计事故(事件)造成的损失、损耗情况,估算影响范围和程度,组织申报保险理赔工作。事故损失包括人身伤亡、善后处理、固定资产等直接损失和社会投资受阻、市场信誉受损等间接损失。

12 事故事件

12.1 事故

📝 标准原文

> 企业应建立生产安全事故的管理要求,明确事故和未遂事故的范围、分级分类、信息报告、调查处理等内容。
>
> 应及时、如实报告事故。
>
> 应成立内部事故调查组,查明事故原因,认定事故性质和责任,提出对责任人的处理建议和防范措施。
>
> 应建立事故案例数据库,常态化开展警示教育。设置警示月和警示日,专题开展警示教育活动。
>
> 应建立事故台账和档案,定期对事故经过、原因、防范和整改措施落实情况进行回顾评估。

📝 标准溯源

➡ 《中华人民共和国安全生产法》(2021年修订)

第八十三条 生产经营单位发生生产安全事故后,事故现场有关人员应当立即报告本单位负责人。单位负责人接到事故报告后,应当迅速采取有效措施,组织抢救,防止事故扩大,减少人员伤亡和财产损失,并按照国家有关规定立即如实报告当地负有安全生产监督管理职责的部门,不得隐瞒不报、谎报或者迟报,不得故意破坏事故现场、毁灭有关证据。

➡ 《生产安全事故报告和调查处理条例》(2007年)

《生产安全事故报告和调查处理条例》对生产安全事故等级、生产安全事故报告和调查处理等方面作了明确的规定。

12 事 故 事 件

> 📝 **标准要义**

企业通过建立安全生产责任制、制定安全生产规章制度、保障安全生产投入、开展安全风险分级管控和事故隐患排查治理、组织安全生产教育培训等,开展各项安全管理工作,最终目标是创建安全、健康、高效的工作环境,最大限度地减少事故发生。

企业通常根据事故的性质、后果、原因等因素分为事故和未遂事故。事故是指在生产经营活动中发生的导致伤害、健康损害或直接经济损失达到集团公司一般事故最低类型等级及以上的意外情况;未遂事故是指不安全情形已发生,导致伤害、健康损害或直接经济损失的结果侥幸未构成事故,还未达到集团公司事故最低类型等级的意外情况。事件、未遂事故、事故概念示意图如图12-1所示。事件的具体内容可参见"12.2 事件"。

图12-1 事件、未遂事故、事故概念示意图

实践中,诸多事故发生前,往往已有多个未遂事故悄然发生。这些未遂事故因为后果的隐蔽性往往未能引起管理者的重视,但其潜在的风险不容小觑。因此,企业应将未遂事故管理提升到与事故管理同等重要的地位,做到抓早抓小,有的放矢地采取预防措施,防患于未然。

> 📝 **实施要点**

1. 建立事故管理制度

企业要建立生产安全事故管理制度,明确事故分级分类、信息报告、调查处理等内容。

按国家规定，事故分为特别重大、重大、较大和一般 4 个等级，企业可作进一步细化规定；未遂事故宜结合企业具体实际分为恶性未遂事故和一般未遂事故。

人的不安全行为或管理不当构成重大事故隐患的应等同事故进行管理，从重处罚。

2. 事故报告

事故发生后，企业要及时、如实报告事故情况，任何单位和个人不得迟报、漏报、谎报或瞒报。报告分为初报、续报、结果报告。

事故发生后，事故单位须立即报告上级子（分）公司，子（分）公司须在事故发生后 1 h 内报告总调度室（集团应急值守办公室）。情况紧急时，事故现场人员可直接向子（分）公司和总调度室报告。完成初报后，要按有关规定随时报告或每 8 h 进行一次续报。事故救援结束后，应对结果进行报告。

事发单位、上级子（分）公司须遵照国家、地方及行业生产安全事故报告相关规定，及时向事故发生地负有安全生产监督管理职责的部门报告。

3. 事故救援

事故发生后，事发单位、上级子（分）公司要根据应急预案立即启动相应的应急行动，开展应急救援工作。

4. 现场保护

事发单位要妥善保护事故现场以及相关证据，采取措施防止任何单位和个人破坏事故现场、毁灭相关证据。要派专人进行现场看护，布置警戒，禁止无故出入、擅自勘查、随意触摸移动事故现场物品，必要时进行现场封锁。因抢救人员、防止事故扩大以及疏通交通等原因需要移动事故现场物件的，应经过事故救援指挥负责人同意，作出标志，绘制现场简图并作出书面记录，妥善保存现场重要痕迹、物证。

事发单位要对事故相关视频监控录像、音频记录、日志记录、作业记录及其他相关资料立即予以封存保护，不得擅自删除或篡改。

5. 事故调查分析

事故发生后，在政府及行业安全监管部门开展事故调查的同时，集团公司、子（分）公司应根据事故性质、级别和权限，成立内部事故调查组，组织开展内部调查。事故调查组查明事故经过、事故原因、人员伤亡及直接经济损失等情况，认定事故性质和责任，提出对事故责任人的处理建议，总结事故教训，提出整改和防范措施建议，提交事故调查报告。

事故调查分析应溯本求源，按照"四不放过"原则全面查明事故背后隐藏的根本原因，审视各层级存在的问题，对于暴露出的问题进行深度剖析与系统反思，包括事故发生前后的管理决策、执行过程、监督机制等是否得当，人员思想意识、责任制落实等方面存在的漏洞和不足，形成有效的预防和控制措施。

6. 警示教育

企业要按照"把别人的事故当成自己的事故来对待，把过去的事故当成今天的事故来对待，把隐患当成事故来对待，把小事故当成大事故来对待"的要求，可采取召开事故现场会、宣讲会、分析会和组织观看事故警示教育片、当事人现身说法等多种形式，开展常态化事故警示教育，内容主要包括通报事故原因、分析存在问题、总结经验教训、提出防范整改措施等。

企业要结合历史上发生的典型生产安全事故，设置"事故警示月""事故警示日"，开展专项警示教育，剖析典型事故案例、宣讲安全法律法规、培训安全技能、营造安全氛围。

为便于检索学习，企业宜采用信息化手段建立事故警示案例数据库，收集本单位与本行业相关的事故案例报告和事故警示教育视频。

7. 事故回顾

企业要建立事故台账，做到全面覆盖、内容详尽、分级管理，并按规定归档。要在事故发生一年内组织开展回顾评估，重点包括事故调查报告中的防范和整改措施是否落实到位，各级领导与全体从业人员是否真正吸取了经验教训，从业人员的安全意识、安全技能和应急处理能力是否得到了有效提高等。针对整改落实不到位的，要制定具体的整改措施并跟踪其执行情况，确保措施得到有效实施。

12.2　事件

标准原文

> 企业应明确事件的范围、分类等内容。
> 应建立事件台账，记录相关信息，查找事件原因，分析发生规律，采取措施防止同类事件发生。
> 鼓励从业人员主动报告事件。

标准溯源

无。

📝 标准要义

事件是指不安全情形已经发生，但导致伤害、健康损害或直接经济损失的结果尚未构成未遂事故或事故的情况。

任何事故的发生，都是一个个事件由量变到质变的过程，通过事件管理，企业能够及时发现并纠正不安全行为，遏制不利因素的量变发展，防止其质的突变，将风险和隐患控制在萌芽状态。

企业应加强事件管理，将事件与事故同等对待，按照事故分析的标准对事件进行分析，做到关口前移。同时，企业应营造开放、包容与积极的管理氛围，鼓励和支持从业人员养成主动报告事件的习惯，帮助企业及时发现和控制潜在的风险和问题，避免事件的进一步恶化和扩大。

📝 实施要点

1. 明确事件管理要求

企业要参照事故管理的要求与流程，明确事件管理要求，包括事件分级分类、信息报告、事件分析等内容。根据事件的性质及可能造成的人员伤亡、损失等后果，比照事故分类分级标准对事件进行分类分级，宜分为严重事件、较大事件、一般事件，各产业板块可结合实际具体确定。

2. 事件报告

企业要提供便捷的报告渠道，鼓励从业人员及时报告事件信息。对主动报告并有效防止或减轻事件影响的从业人员给予表彰和奖励，激励更多的从业人员参与到事件管理中。

3. 事件分析

企业要查明事件经过、原因及后果等情况，认定事件性质，总结事件教训，提出整改和防范措施建议，并跟踪措施落实。

4. 事件回顾

企业要建立事件台账，并利用台账每年至少组织开展一次事件回顾评估，针对整改措施失效或落实不到位的，应重新制定整改措施并进一步跟踪落实。

13 检 查 评 价

13.1 安全检查

标准原文

> 企业应明确安全检查的标准、范围、内容、频次、流程、方法等内容。
> 宜采用日常检查、专项检查、定期检查、内部审核、安全审计等方式，检查安全生产工作的合规性、安全风险管控的有效性、体系运行的符合性，对检查发现的问题及时整改。
> 内部审核可采用专项检查的方式实施。

标准溯源

▶ 《中华人民共和国安全生产法》（2021年修订）

第二十一条 生产经营单位的主要负责人对本单位安全生产工作负有下列职责：……（五）组织建立并落实安全风险分级管控和隐患排查治理双重预防工作机制，督促、检查本单位的安全生产工作，及时消除生产安全事故隐患；……

第二十五条 生产经营单位的安全生产管理机构以及安全生产管理人员履行下列职责：……（五）检查本单位的安全生产状况，及时排查生产安全事故隐患，提出改进安全生产管理的建议；……

第四十六条 生产经营单位的安全生产管理人员应当根据本单位的生产经营特点，对安全生产状况进行经常性检查；对检查中发现的安全问题，应当立即处理；不能处理的，应当及时报告本单位有关负责人，有关负责人应当及时处理。检查及处理情况应当如实记录在案。

▶ 《中央企业安全生产监督管理办法》（2024年修订）

《中央企业安全生产监督管理办法》规定了中央企业的安全生产责任、工作制度、监督管理等内容，要求中央企业防范化解重大安全风险，保障员工和人民群众生命财产安全。

标准要义

安全检查是企业查找安全生产问题和不足的活动，涵盖安全生产工作的合规性、安全风险管控的有效性、安全生产管理体系运行的符合性等方面的内容，是保障企业生产经营活动安全有序进行的一项重要工作，是监督安全生产业务部门是否切实落实安全责任、安全组织生产的有效手段。科学正确、有效的安全检查，有助于及时纠偏和预防事故，引导业务部门更好地履行业务保安职责，安全、高效、有序地开展安全生产管理工作，促进企业持续改进，不断提升企业安全生产水平。

依据特定的审核标准和程序定期开展内部审核，是确保管理体系的有效性和符合性、发现问题和改进机会、推动持续改进的重要手段。通过参与内部审核，从业人员能够更好地了解和掌握管理体系运作的机制、方法和要求，促进从业人员的安全意识和综合素质的提升。

实施要点

1. 建立安全检查制度

企业要建立安全检查制度，明确各类安全检查的职责分工、内容、方法及工作标准，规定日常检查、专项检查、定期检查、内部审核、安全审计等的要求。

2. 组织开展安全检查

企业要制定安全检查计划，明确检查目的、标准、范围、方式、流程、时间、频次、重点内容及结果的应用等。

安全检查包括同级检查、上级对下级的检查两种类型。同级检查一般由安全监督职能部门对业务部门开展，也可由开展业务部门互查；上级对下级的检查包括本单位内部各级管理人员对下级的检查，以及上级单位对下级单位的检查。集团公司对子（分）公司实行重点抽查、督查，子（分）公司对所属单位实行全面的监督检查和指导。企业应从人员行为、设备设施、工作环境、管理机制等方面开展安全检查，确保制度合规、设备可靠、作业规范、环境良好、体系运行持续有效。

对安全检查中发现的问题，如实记录，明确整改意见、整改时限等内容。

3. 整改落实

企业要明确安全检查问题项/不符合项的整改落实责任部门及监督部门，责任部门对检查发现的问题按"五定"原则进行整改,监督部门随时跟踪各项整改任务的落实情况,并按有关规定进行验收、考核。对于未按期整改的问题要查明原因并进行责任追究,对于重复出现的问题、查出的重大问题要进行通报。

13.2 绩效评价

> **标准原文**

> 企业应建立安全生产绩效评价的管理要求,明确绩效评价的指标、周期、方式等内容。
> 应组织开展安全生产绩效评价,评价结果进行公布。
> 宜设置安全生产专项资金,开展专项奖励。

> **标准溯源**

⇨ 《关于推进安全生产领域改革发展的意见》(2016 年)

二、健全落实安全生产责任制
……

(七)健全责任考核机制。建立与全面建成小康社会相适应和体现安全发展水平的考核评价体系。完善考核制度,统筹整合、科学设定安全生产考核指标,加大安全生产在社会治安综合治理、精神文明建设等考核中的权重。各级政府要对同级安全生产委员会成员单位和下级政府实施严格的安全生产工作责任考核,实行过程考核与结果考核相结合。各地区各单位要建立安全生产绩效与履职评定、职务晋升、奖励惩处挂钩制度,严格落实安全生产"一票否决"制度。……

⇨ 《中央企业安全生产考核实施细则》(2024 年)

四、其他
……

(七)企业要制定完善本企业的安全生产考核相关制度,将安全生产考核与企业负责人年薪、企业年度薪酬总额挂钩。安全生产风险较高的企业应当建立过程考核与事故考核相结合的安全生产考核体系。……

标准要义

安全生产绩效评价是企业落实主体责任，强化安全生产管理的有效手段，通过安全生产绩效评价，可以帮助企业识别安全管理的优势和不足，促进企业持续改进安全生产管理体系，进一步压实责任，督促履职，构建安全管理长效机制。

实施要点

1. 建立安全生产绩效评价管理制度

企业要根据国家法律法规、上级单位的管理要求，结合企业生产经营特点及安全管理需求，建立安全生产绩效评价管理制度，明确安全生产绩效评价的指标、周期、考核方式等内容。

2. 开展安全生产绩效评价

安全生产绩效评价指标的设置应覆盖安全管理各个方面，实行过程考核与结果考核相结合，确保评价的全面性和针对性。采用定性与定量结合的方法开展绩效评价，如通过问卷调查、访谈等方式收集定性数据，通过统计分析、事故率计算等方法获取定量数据，确保评价结果的准确性，评价结果可采用不同方式进行公布。宜针对企业不同层级设定月度、季度、半年度和年度评价，以推动年度绩效目标的实现。

3. 绩效评价结果的运用

企业要逐步建立以"安全优先"为核心的价值观和鲜明导向，将安全生产绩效作为评价部门整体表现的核心指标，与部门整体绩效评定、奖励惩处挂钩，以此促进各部门主动强化安全管理，确保安全生产责任在各级部门得到全面落实。

企业宜设置专门的安全生产奖励资金，对安全生产活动中表现突出的个人、安全生产长周期单位、在安全生产标准化和其他评级中达标的单位以及在安全生产领域绩效突出的单位进行表彰奖励。

14 持续改进

> 标准原文

企业主要负责人应定期组织开展管理评审，以确保体系适宜性、充分性和有效性的持续改进。

管理评审输入应包括安全生产目标完成情况、安全风险分级管控与事故隐患排查治理情况、事故事件发生情况、上年度管理评审输出的落实情况等。管理评审输出应包括安全生产目标、安全生产重点工作安排部署、体系持续改进的相关要求和决定等。

当企业外部环境、内部的组织机构和业务性质发生重大变化时，应开展管理评审。

管理评审可采用年度安全工作会议或专项安全工作会议的方式实施。

> 标准溯源

《企业安全生产标准化基本规范》（GB/T 33000—2016）

4.3 自评和评审

企业安全生产标准化管理体系的运行情况，采用企业自评和评审单位评审的方式进行评估。

5.8.2 持续改进

企业应根据安全生产标准化管理体系的自评结果和安全生产预测预警系统所反映的趋势，以及绩效评定情况，客观分析企业安全生产标准化管理体系的运行质量，及时调整完善相关制度文件和过程管控，持续改进，不断提高安全生产绩效。

《职业健康安全管理体系 要求及使用指南》（GB/T 45001—2020）

9.3 管理评审

最高管理者应按策划的时间间隔对组织的职业健康安全管理体系进行评审，

以确保其持续的适宜性、充分性和有效性。……

10.3 持续改进

组织应通过下列方式持续改进职业健康安全管理体系的适宜性、充分性与有效性。……

> **标准要义**

管理评审是企业对安全生产管理体系的适宜性、充分性和有效性的评价，目的是确保安全生产管理体系适应内外部环境变化，满足相关方需求和期望。企业主要负责人是安全生产的第一责任人，对本单位的各项人、财、物资源的调配起到决定性作用，通过组织管理评审了解掌握本单位安全生产目标完成情况、安全风险管控与事故隐患排查治理情况、事故事件发生情况、上年度管理评审输出的落实情况等，识别存在的问题和改进机会，调整资源配置，使管理体系各项资源的适宜性、充分性、有效性得到修改和完善。

（1）适宜性是管理体系与安全生产管理是否高度一致、高效运作的重要体现。通过对体系适宜性的评审，可以进一步使其适合企业安全生产实际，包括组织架构、安全目标、安全文化及生产业务需求，促进管理体系的可操作性。

（2）充分性是管理体系的各项人、财、物资源对安全生产管理是否能起到充分支持作用和恰当实施的重要体现。通过对体系充分性的评审，可以进一步促进各项资源得到切实的配备与保障，确保满足企业安全生产实际情况及今后有关需求，进一步发挥其在安全生产中的效能。

（3）有效性是管理体系是否按规定正在实现预期结果的重要体现。通过对体系有效性的评审，可以进一步促进管理体系的各项资源得到有效的利用，发挥体系化运作对安全生产管理的应有作用，保证安全生产管理体系有效运作。

> **实施要点**

1. 管理评审准备

企业开展管理评审时，要先听取相关部门内外部审核结果、上级单位年度评审情况总结、各业务部门及分管领导的安全生产管理及体系运行情况总结，开展安全生产管理及体系运行情况的分析讨论与评审，提出改进意见，由主要负责人进行决策、部署。

管理评审的输入可包括以下内容：

（1）内外部审核结果。包括内部审核、上级单位评审和第三方、地方政府及监管部门对本单位的监督检查情况，发现的问题及改进措施落实情况和需要管理评审解决的事项。

（2）合规性评价情况。对法律法规要求和其他要求的合规性评价的结果，法律法规要求和其他要求的变化等。

（3）安全生产目标完成情况。详细报告各项安全生产目标、指标的达成情况，包括事故率、隐患整改率、从业人员安全培训参与率等，对比分析目标与实际之间的差距。

（4）安全风险分级管控与事故隐患排查治理情况。包括安全风险分级管控和事故隐患排查治理的过程及成效，存在的薄弱环节、潜在风险点，整改措施及落实情况，改进建议。

（5）安全投入情况。包括安全生产费用的提取、使用情况及人力资源配备、设备设施保障等。

（6）事故事件发生情况。包括发生的事故、未遂事故及事件的统计分析情况，及时纠正、预防措施和落实情况。

（7）与安全生产相关的外部议题的变化。包括相关方的需求和期望及政策变化面临的机遇和挑战。

（8）上年度管理评审输出的落实情况。即上一年度管理评审中提出的改进措施的执行情况及成效。

2. 管理评审会议

企业要每年至少开展一次管理评审，召开管理评审会议前应制定评审计划，明确各职能部门在管理评审中的工作任务及要求，提前做好安全生产工作总结，收集改进建议。管理评审可结合年度安全工作会议、专项安全工作会议的形式实施。

管理评审应由企业主要负责人主持召开。参加人员包括本单位管理层、各部门负责人及关键岗位人员，确保从决策层到执行层的全面覆盖。子（分）公司召开管理评审时，基层单位主要负责人须参加。

3. 管理评审输出

管理评审的输出可包括以下内容：

（1）安全生产目标调整。基于评审结果，对下一年度的安全生产目标进行合理调整。

（2）资源配置与优化建议。根据评审结果，提出对人力资源、资金、设备设施等方面的配置与优化建议。

（3）体系持续改进的相关要求和决定。针对评审中发现的问题与不足，制定具体的改进措施和行动计划，落实责任、期限、费用及工作标准，推动体系的持续改进与优化。

（4）安全生产重点工作安排部署。明确今后安全生产工作的重点任务、责任部门及完成时限。

（5）管理评审报告。对管理运作持续适宜性、充分性和有效性作出评价结论。编制并发布管理评审报告，内容包括评审目的、评审时间和地点、评审参加人员、评审内容、评审结果等。

管理评审的安排部署应纳入本单位安全生产1号文予以实施。

4. 附加管理评审

当企业外部环境、内部组织机构和业务性质发生下列重大变化时，企业管理层可决定是否进行附加管理评审：

（1）适用的法律、法规、标准及其他要求发生重大变化。

（2）安全生产经营活动发生重大变化。

（3）组织机构、战略、资源发生重大改变或调整。

（4）较大及以上生产安全事故发生后。

（5）相关方存在重大、系统性的投诉。

（6）管理层认为有必要时。

5. 持续改进

企业要明确管理评审输出落实的监督检查部门，审查安全生产目标调整、资源配置、体系改进、安全生产重点工作等部署、推进情况，随时跟踪各项整改任务的落实情况与持续改进的执行情况，并按有关规定进行监督、考核、验收。

企业要结合高质量发展要求，利用安全生产方针、目标、审核结果、风险、隐患和事件的管理、纠正措施以及管理评审，不断总结、优化，调整完善安全生产管理体系要求，持续改进体系的全面性、合规性、有效性、科学性。

附　录

1. 安全生产管理体系　第1部分：总体规范

1　范围

本文件规定了企业安全生产管理体系的总体要求、基础保障、安全风险分级管控、事故隐患排查治理、人员管理、生产管理、健康管理、应急管理、事故事件、检查评价和持续改进。

本文件适用于集团公司、生产型子（分）公司及其所属的生产建设单位（以下统称"企业"）安全生产管理体系的建立、实施、保持和持续改进。其他单位参照执行。

2　规范性引用文件

本文件没有规范性引用文件。

3　术语和定义

Q/GN 0174.2—2024 界定的术语和定义适用于本文件。

4　总体要求

4.1　党建引领

安全生产工作坚持中国共产党的领导。

党组（党委）应统筹发展和安全，推动安全生产工作与党建工作同步谋划、同步部署、同步落实、同步检查、同步考核，发挥各级党组织安全生产领导作用，包括：

a）将学习贯彻习近平总书记关于安全生产重要论述和重要指示批示精神作为安全生产工作"第一要务"；

b）贯彻落实党中央、国务院关于安全生产的决策部署；

c) 将安全生产纳入理论学习和干部培训的重要内容；
d) 推进安全生产领域意识形态工作；
e) 研究安全生产发展战略、长期规划等重大事项；
f) 定期听取安全生产工作汇报，分析研判安全生产重大风险，研究解决安全生产重大问题；
g) 将安全生产管理能力作为安全生产领导人员选拔任用的重要依据；
h) 将领导人员安全履职情况作为综合考核评价的重要依据；
i) 将安全生产工作纳入巡视巡察和党建考核；
j) 开展安全生产监督执纪问责；
k) 发挥群团组织在安全生产工作的作用。

党支部应在安全生产工作中发挥战斗堡垒作用。

党员应在安全生产工作中发挥先锋模范作用。

4.2 理念目标

4.2.1 理念

企业应坚持人民至上、生命至上，树牢安全发展理念。

应根据安全生产政策法规和管理实践，总结凝练形成安全理念，体现：

a) 安全第一、预防为主、综合治理的方针；
b) 企业发展战略；
c) 风险管理策略；
d) 数智化发展趋势；
e) 央企示范引领作用；
f) 从业人员获得感、幸福感、安全感。

应通过多种渠道与方式向从业人员和相关方宣贯安全理念，使其理解、认同、践行，并贯穿于生产活动全过程。

应根据发展变化，适时更新安全理念。

4.2.2 目标

企业应制定安全生产中长期目标和年度目标，提高安全生产绩效，保持和持续改进安全生产管理体系。

目标应遵循定性与定量、过程与结果相结合的原则，制定时考虑：

a) 政策法规及监管监察要求；
b) 行业发展特点及趋势；
c) 安全理念；
d) 风险隐患管控要求；

e）以往安全生产绩效。

应将安全生产目标纳入绩效评价，明确完成安全生产目标的工作任务、责任分工、资源保障和完成时限，定期对目标及工作任务完成情况进行跟踪、分析和考核。

4.3 领导作用

4.3.1 安全领导力

企业应开展各级领导的安全履职能力建设，增强学习本领，提升各级领导的决断力、执行力和影响力，包括：

a）践行安全理念；
b）履行安全承诺；
c）发挥表率作用；
d）提供资源保障；
e）开展人文关怀；
f）管控风险隐患；
g）科学应急处置。

应按规定设置安全生产总监，负责监管、协调安全生产各项工作。

各级领导应深入现场一线，按规定带班值班，了解现场情况，解决实际问题。

4.3.2 安全承诺

主要负责人应代表企业作出书面的安全承诺，并进行公示。

承诺内容应包括：

a）遵守安全生产法律法规；
b）落实安全生产责任；
c）健全安全生产管理体系；
d）保障安全生产投入；
e）管控安全风险隐患；
f）维护职工合法权益。

安全承诺兑现情况应接受从业人员和社会的监督。

4.3.3 安全决策

企业应明确安全生产决策的事项、权责和流程。

应基于安全生产合规义务、安全风险管控等要求，运用科学的方法和手段对安全生产事项进行决策。

企业作出涉及安全生产的经营决策，应听取安全监察部门和生产业务部门的意见。

4.3.4 安全履职评价

企业应建立主要负责人及领导班子成员安全履职评价的管理要求，明确安全履职评价的周期、标准、结果应用等内容。

主要负责人及领导班子成员应每年进行安全述职，并将其作为履职评价重要内容。

安全履职评价结果应纳入绩效评价，并作为任免、晋升、评优等重要依据。

4.3.5 厂（矿）长安全记分

企业应建立厂（矿）长安全记分管理要求，明确安全记分的事项、标准、考核等内容。

子（分）公司应每年将厂（矿）长安全记分结果向集团公司报备。

安全记分结果应纳入绩效评价，并作为干部晋升、岗位调整等重要依据。

4.4 全员参与

企业应畅通从业人员参与安全生产的渠道，鼓励从业人员参与安全生产管理。

应及时收集、答复、落实从业人员提出的安全生产建议和举报。

工会应对安全生产工作进行监督，保障从业人员参加安全生产民主管理和民主监督的权利，维护其安全生产合法权益。

4.5 信息沟通

企业应明确安全生产信息沟通的内容、范围和方式，确保安全生产信息在企业内部、外部得到及时、准确、全面的沟通和处理，并保存记录。

信息沟通可采用文件、会议、交流、培训、协商等方式开展，内容包括：

a）涉及政府、行业安全生产的外部信息；
b）上级单位的安全生产信息；
c）涉及安全生产活动的内部信息；
d）相关方的安全生产信息。

5 基础保障

5.1 组织保障

5.1.1 安全生产委员会

企业应建立安全生产委员会，负责统一领导和组织安全生产工作。

应定期召开安全生产委员会会议，将学习贯彻习近平总书记关于安全生产重要论述和重要指示批示精神作为"第一议题"，将事故警示案例作为必学内容。

安全生产委员会应履行以下职责：
a）学习贯彻落实各级政府、上级单位的决策部署；
b）研究审议安全生产目标、任务；
c）研究审议安全生产管理制度；
d）听取成员单位工作汇报，协调安全生产重大问题；
e）研究需挂牌督办的重大事故隐患；
f）研究安全生产绩效评价和奖惩方案。

安全生产委员会主任由主要负责人担任，设立安全生产委员会办公室，负责安全生产委员会日常工作。

5.1.2 安全监察部门

企业应设置安全监察部门，负责安全生产工作的管理和监察，对同级业务部门安全生产责任落实情况进行考核。

应明确安全监察人员任职资格和配备数量，配齐专职安全监察人员，注册安全工程师配备符合相关要求。

5.1.3 业务部门

企业应按规定设置业务部门，根据行业有关规定配齐专业技术管理人员。

生产业务部门应将安全生产工作融入各项业务的决策、执行和监督的全过程，履行业务保安职责，组织开展安全风险管控和事故隐患排查治理等工作。

其他业务部门应按职责为安全生产工作提供支撑和保障。

5.1.4 专业服务机构

企业应根据实际需求，依托高等院校、科研机构、行业协会等内外部单位，建立专业安全生产技术服务机构或专家团队，提供安全生产支持和服务。

5.1.5 班组

企业应加强班组建设，开展安全品牌班组创建活动，创建金牌班组，并定期考评，发挥班组在安全生产中的基础支撑作用。

应建立班组长的选聘、使用、培养、考核、激励和退出机制，提高班组长的综合素质与能力。

5.2 责任保障

企业应建立全员安全生产责任制，明确各层级、各岗位人员的责任范围和考核标准等内容，实行清单制管理，并按要求进行培训和公示。责任制内容应简明扼要、清晰明确、便于操作、适时更新。

应定期对全员安全生产责任制履行情况进行考核评价，促进全员安全生产责任落实。

应明确安全生产责任追究的情形和流程,开展责任追究。

5.3 合规保障

企业应建立安全生产合规管理要求,明确获取、识别、转化、评价等内容。

应及时获取适用的安全生产相关法律、法规、规章、标准和规范性文件等法定要求,建立清单和文本数据库,并更新。

应识别安全生产合规义务,及时转化为管理制度、规程标准等内部要求,并对从业人员进行培训。

应定期开展安全生产合规评价,及时采取措施,防控合规风险。当法定要求或企业内部发生重大变化时,应重新进行评价。

5.4 制度保障

5.4.1 文件管理

企业应明确安全生产相关文件的起草、审批、发布、使用、修订、归档、废止等管理要求,文件包括:

a) 安全生产管理相关的议事规则、规定、办法、制度、细则、指导意见、指引等;

b) 安全生产技术相关的规程、标准、图纸、清单、应急预案等;

c) 安全生产相关记录等。

应定期对文件适用性、有效性和执行情况进行评审,保持有效状态、及时更新,并确保从业人员及时获取。

宜采用电子媒介方式保存文件。

5.4.2 管理制度

企业应建立健全安全生产管理制度。制定时考虑:

a) 安全生产法定要求;

b) 上级单位各项安全生产管理要求;

c) 本企业安全生产实际。

5.4.3 规程标准

企业应建立健全操作规程和作业标准。制定时考虑:

a) 安全生产法定要求;

b) 工艺技术、作业任务、设备设施的特点与工作质量要求;

c) 危险源辨识和风险评估结果;

d) 发生过的事故事件。

在新工艺、新技术、新材料、新设备投入使用前,应组织制定或修订相应的规程标准。

5.5 科技保障

企业应坚持科技兴安，保障安全生产科技投入，联合内外部力量，开展安全生产科学技术研究，推广应用安全生产先进技术，推进老旧设施升级改造，研究攻克安全生产技术难题，以科技赋能安全生产。

5.6 数智保障

企业应基于安全生产管理要素，建立信息化平台，具备数据实时采集、集中存储、统一管理、挖掘分析、数据集成等功能。

应开展智慧企业建设，应用人工智能、大数据、物联网等技术，实现安全风险隐患的智能识别、快速感知、实时监测、超前预警，在危险、繁重岗位推广应用工业机器人和智能装备，推进生产和安全管理智能化。

5.7 资金保障

企业应保障安全生产资金投入，并纳入预算管理。

应足额提取和规范使用安全生产费用，建立管理台账。

5.8 文化保障

企业应培育具有特色的安全文化，持续创新安全文化载体，营造安全氛围，践行安全理念，树牢安全价值观，为安全发展提供精神动力。

6 安全风险分级管控

6.1 一般要求

企业应建立安全风险分级管控的管理要求，明确以下内容：

a）危险源辨识的范围、人员、流程与频次；

b）风险评估的方法、分级标准和流程；

c）风险分级管控的准则。

应定期开展安全风险分级管控培训，确保相关人员熟悉和掌握危险源辨识、风险评估、风险分级管控的相关知识与技能。

应建立并及时更新安全风险数据库，纳入信息化平台统一管理。

应按规定向地方政府、上级单位上报重大安全风险清单及其管控措施。

6.2 危险源辨识

危险源辨识范围应覆盖企业生产经营所有活动及区域，并考虑正常、异常、紧急三种状态和过去、现在、将来三种时态。

企业应选择适宜的辨识方法，组织全员全面辨识生产系统、工艺技术、设备设施、作业环境、作业任务、人员行为等方面存在的危险源。

6.3 风险评估

企业应对危险源进行风险分析,依据分级标准划定风险等级。

应每年组织开展一次风险评估,全面总结梳理风险管控效果。

当危险源辨识结果发生变化时,应重新进行风险评估。

存在以下情形时,应开展专项风险评估:

a) 生产系统、工艺技术、主要设备设施等发生重大变化时;
b) 新工艺、新技术、新材料、新设备应用前;
c) 事故发生后;
d) 其他可能对安全生产造成重大影响的。

6.4 风险控制

6.4.1 控制措施

企业应针对不同等级的安全风险,实施风险分级管控,将风险控制在可接受的程度。

应按消除、替代、降低、隔离、管理控制、个人防护的优先顺序,确定适宜的风险控制措施,并跟踪风险控制措施落实情况,确保其有效性。

风险控制措施应纳入管理制度、规程标准、应急预案等文件。

6.4.2 风险公告

企业应在适当的位置对重大安全风险进行公告,公告内容包括风险描述、管控措施、责任人员等。

应通过适宜方式对从业人员以及进入生产作业场所的其他人员进行安全风险告知,内容包括风险后果、管控措施、报告方式等。

6.4.3 监测预警

企业应采用多种手段进行安全风险监测,发生异常时及时预警并处置。

宜采用信息化、智能化等技术手段,提高安全风险监测、预警、处置效能。

6.4.4 效果评价

企业应定期对安全风险分级管控效果进行评价。

当发现风险管控失效或不能满足要求时,应及时分析原因并完善相关风险管控措施;构成事故隐患的,应纳入事故隐患排查治理。

7 事故隐患排查治理

7.1 一般要求

企业应建立事故隐患排查治理的管理要求,明确事故隐患排查治理的责任、分级、排查、治理、验收等内容。

应建立管理台账，对事故隐患排查治理情况进行统计分析，明确事故隐患排查治理重点，完善治理措施。

主要负责人应定期组织排查事故隐患，制定重大事故隐患治理方案，督促、检查治理情况。

企业应对重大事故隐患排查不到位、治理不彻底的开展责任追究。

7.2 事故隐患排查

企业应落实基层单位、业务部门、安全监察部门的事故隐患排查责任，组织开展全员事故隐患排查，监督各层级主动排查事故隐患，鼓励各岗位自主排查事故隐患。

事故隐患排查范围应覆盖所有与生产经营活动相关的场所、人员、设备设施和管理。

企业应对事故隐患进行登记、分级，及时上报重大事故隐患。

应明确事故隐患报告、举报的途径，及时核查、处理、反馈。

7.3 事故隐患治理

企业应在确保安全的前提下，及时采取措施治理事故隐患。对不能立即治理的事故隐患，应科学制定临时管控措施和应急措施。

应对事故隐患进行分级督办、分级验收，验收合格后方可销号。

应对重大事故隐患进行挂牌督办，按照治理方案治理重大事故隐患，跟踪治理情况，评估治理效果，及时报告、验收核销。

应如实记录事故隐患治理情况，并向从业人员通报。

8 人员管理

8.1 人员准入

企业应从知识、技能、职业禁忌、生理、心理等方面，明确从业人员安全准入要求，并在试用期结束后开展安全作业能力评估，确保职业适应性。

8.2 安全资格

企业应明确从业人员安全资格要求，确保从业人员取得与岗位相适应的任职资格，包括：

a) 主要负责人、安全生产管理人员、特种作业人员等持证上岗；

b) 其他从业人员经相关培训合格后上岗。

8.3 安全培训

8.3.1 资源配置

企业应提供并保障安全培训所需的师资、场地、设备、教材和资金等资源。

应建立安全培训师资队伍，并定期对其进行培训。

8.3.2 组织实施

企业应定期识别安全培训需求，制定安全培训计划，明确各岗位培训内容和频次等要求，并组织实施。

应对从业人员、相关方人员、外来参观或学习人员等进行相应的安全培训，安全培训内容、学时、方式等满足法定要求。

安全培训应采取理论和实践相结合的形式，宜采用实际操作、沉浸式体验等手段。

应如实记录培训情况，并对培训效果进行评估。

8.3.3 档案管理

企业应明确安全培训档案的内容、保存方式、保存时间等要求。

应建立安全培训档案，做到"一期一档"和"一人一档"。宜运用信息化手段管理培训档案。

8.4 行为管控

8.4.1 行为规范

企业应根据行业要求和特点，推行从业人员作业标准化管理，明确作业步骤、作业内容、作业标准、安全风险、管控措施等内容，指导从业人员规范作业。

8.4.2 安全行为激励

企业应明确安全行为正向激励的分级、标准、方式等内容。

应对从业人员在安全生产工作中的积极行为进行表彰奖励，引导从业人员养成良好的安全行为习惯。

8.4.3 行为观察

企业应明确行为观察的对象、内容、流程等管理要求，依据操作规程、作业标准等开展从业人员行为观察，重点对从事新岗位、使用新工艺和新设备、不安全行为次数较多等人员进行行为观察。

行为观察内容包括：

a) 从业人员反应；

b) 从业人员站位；

c) 个体防护；

d) 工具和设备；

e) 作业或操作步骤；

f) 人机工效；

g）作业环境。

行为观察后，应与被观察人员进行沟通，表扬安全行为，告知不规范行为及其潜在的安全风险。

企业应定期对行为观察情况进行统计分析，通过对工艺技术、设备设施、作业环境等方面进行改进，从根源上预防不安全行为的发生。

8.4.4 不安全行为管控

企业应明确不安全行为的分级分类、认定标准等内容。

应开展不安全行为监督，及时制止和纠正不安全行为，并根据分级情况进行矫正教育或处罚。宜采用视频监控、自动识别等数智化手段监督不安全行为。

应定期对不安全行为进行统计分析，查找不安全行为发生的规律和深层次原因，制定预防措施。

8.4.5 全员安全积分

企业应建立全员安全积分的管理要求，明确正向行为和负向行为的情形、积分标准、积分结果运用等内容，并采用信息化手段进行全员积分管理。

全员安全积分结果应在安全生产绩效评价、安全奖惩、评先树优等方面应用。

9 生产管理

9.1 生产计划

企业应基于风险评估结果和风险控制要求，科学编制年度、季度和月度生产计划。生产计划应与生产能力、劳动强度等相适应，并根据变化及时调整。

应根据生产计划合理配置资源，组织生产与调度控制。

9.2 生产过程

9.2.1 生产作业

企业应根据行业要求和特点，推进生产管理标准化建设，实现生产过程、设备设施、作业环境动态达标。

应明确生产活动所涉及的生产和服务的全过程，确保生产作业全过程符合管理制度和规程标准的要求。对生产作业进行监视、监测和控制，留有安全冗余。

应建立设备设施的选型、采购、安装、使用、检测、维修、改造及报废等环节的管理要求，规范设备设施的安全管理，确保设备设施全生命周期安全可靠运行。

应明确建（构）筑物、生产区域道路、安全标志标识、照明、通风等生产现场环境的管理要求，创造文明有序的作业环境。

9.2.2 危险作业

企业应建立危险作业管理要求，明确危险作业的情形、分级、计划、许可、实施、监督检查等内容，对作业前、作业中、作业后进行全过程、全方位安全管理。

危险作业前，应编制专项安全技术措施，履行审批程序，明确需要到岗的层级和岗位，并组织作业人员进行学习。

应检查作业人员准备情况，对作业条件进行现场确认，并进行安全技术交底。

危险作业过程中，应按照规程标准和安全技术措施开展作业，指定专人现场监护，全程视频监控。

危险作业结束后，应进行完工确认。

9.2.3 异常处置

企业应建立生产过程中异常处置的管理要求，明确异常情形的分类分级、处置流程等内容，并定期开展培训。

发现异常情况时，从业人员应立即报告、研判风险，采取有效措施予以处置。涉及危险作业的，应及时汇报本单位负责人。出现直接危及人身安全的紧急情况时，应立即停止作业、撤出人员。管理人员应根据异常情形的级别和实际情况，科学组织现场处置。

企业应对异常情况和处置结果进行回顾，根据实际情况完善异常处置流程，提升异常处置能力。

9.3 专项安全

9.3.1 消防安全

企业应建立消防安全的管理要求，明确火灾预防、消防组织、灭火救援、监督检查等内容，落实消防安全责任制。

消防安全重点单位应设置或者明确归口管理部门，其他单位应明确归口管理部门，确定专职或者兼职消防管理人员。

企业应将消防设计、配置、运行、维护、检查检验等纳入生产过程管理，配备消防器材、消防设备设施，定期检查维护。

应确定消防安全重点部位，并实行严格管理。

应对从业人员定期组织消防安全培训和消防演练，提升从业人员岗位初期火灾险情处理、自救互救与紧急避险能力。

应落实重大消防安全风险管控措施，组织消防安全检查，及时消除火灾隐患。

应加强燃气安全管理，定期开展燃气安全专项排查整治。

9.3.2 危险化学品

企业应明确危险化学品安全的管理要求，及时掌握涉及危险化学品信息，建立化学品基础信息表和危险化学品档案。

应对生产使用的危险化学品进行登记、备案，对剧毒、易制毒、易制爆等危险化学品进行重点管控。

9.3.3 特种设备

企业应建立特种设备安全管理要求，明确特种设备的采购、安装、登记、使用、检验、检测等内容。

应对特种设备进行经常性维护保养和定期检查，建立安全技术档案，规范特种设备管理。

9.3.4 自然灾害

企业应编制自然灾害应急预案，宜与气象等行政主管部门建立联动机制，及时获取预警预报信息，分析研判自然灾害对安全生产的影响和冲击，采取措施防范应对，重点对易受自然灾害危害的场所、区域开展隐患排查治理。

9.3.5 改扩建项目

企业应建立改扩建项目前期、施工、竣工验收、项目评价的安全管理要求，对项目进行全过程管控。

应明确勘察、设计、监理、施工及其他有关单位的安全责任，落实改扩建项目施工过程安全管理要求。

应按规定对改扩建项目进行安全预评价或安全条件论证，安全设施、职业病防护设施应与改扩建项目主体工程同时设计、同时施工、同时投入生产和使用。

应组织开展项目工程、安全质量验收评价。

9.4 变更管理

企业应建立变更的管理要求，明确变更的分级、申请、审批、实施、验收等内容。

应对变更可能导致的安全风险及其影响进行分析，制定相应的控制措施，履行审批程序，并告知和培训相关从业人员。

应对机构、人员、管理、工艺技术、设备设施、作业环境等变更的风险进行过程管控，并组织开展变更验收。

变更后应及时修订管理制度、规程标准等文件。

9.5 辅助安全

9.5.1 配套服务

企业应为保障安全生产提供交通、治安、后勤、办公等配套服务，并规范管理。

9.5.2 工余安全

企业应识别工余安全风险，开展工余安全宣传教育，提高从业人员工余安全防范意识和应急处置能力，鼓励从业人员及时报告工余安全事件。

9.6 相关方管理

9.6.1 承包商

企业应建立承包商安全管理要求，明确职责分工、安全准入条件、过程安全管控、安全生产绩效评价等内容，实施无差别、一体化管理。

应对外部委托项目进行分类管理，建立外部委托项目清单以及禁止外委、限制外委项目清单。

应将安全管理、诚信履约等情况作为承包商选择的重要内容，并与承包商签订安全管理协议，明确安全生产责任和要求。

在承包商入场前，应对人员资格、设备设施安全性能等进行核验，并对承包商人员进行安全培训，告知安全风险。

应对承包商进行全过程监督检查，定期考核，并纳入履约评价。

9.6.2 供应商

企业应对供应商提供的设备、材料等产品安全性能进行检查或验证，确保采购产品符合安全标准。必要时，驻厂监造。

供应商人员提供入厂服务的，纳入承包商管理。

10 健康管理

10.1 健康企业

企业应以职工健康为中心，全面实施"健康中国"行动，通过建设健康工作室、健康小屋、健康食堂、疗养活动等多种途径、多种方式推进健康企业建设，改善企业环境，提升健康管理和服务水平，满足员工健康需求。

应广泛开展健康知识普及，选树"职业健康达人"，引导员工健康生活方式。

10.2 职业健康

企业应建立职业健康管理要求，明确职业病前期预防、生产过程中的防护与管理、职业病诊断与病人保障、监督检查等内容。

应设置职业健康管理机构或配备专职管理人员，制定职业病防治计划和实施方案。

应采取工程技术、组织管理等预防措施，从源头上消除和控制影响健康的危害因素，为从业人员提供安全健康的工作环境和劳动条件。

应对职业病危害因素进行动态监控和定期检测、评价、公示，及时申报职业病危害项目，对超标场所进行治理，完善防护设施和应急设备设施。

应为从业人员提供防护用品，宜配备智能防护、智能健康监测等装备用品。

应组织上岗前、在岗期间和离岗时的职业健康检查，建立健康监护档案，对职业病病人进行治疗、康复并妥善安置，保障从业人员职业健康权益。

10.3 心理健康

企业应关注从业人员的心理状况，为从业人员提供心理疏导、精神慰藉等服务。

应开展心理健康科普教育、安全心理培训、心理健康评估等活动，重点对作业环境艰苦、劳动强度较大、工作场所偏远等人员进行组织关怀，对新入职、违章次数较多、情绪不稳定等人员进行关注。

11 应急管理

11.1 一般要求

企业应建立应急管理要求，明确应急预案、队伍物资、培训演练、救援、恢复等内容。

应建立智慧化应急管理平台，构建多级联动、一体化的应急指挥机制，提升险情灾情监测预警和先期处置能力、响应速度、指挥决策准确性。

11.2 应急准备

11.2.1 应急预案

企业应在风险评估、资源调查、案例分析的基础上，针对可能发生的事故特点及危害，科学编制具有针对性和操作性的综合应急预案、专项应急预案和现场处置方案，并对应急预案进行评审、发布、定期评估、适时修订。

应结合岗位风险特点，编制应急处置卡，明确报告、处置、救援和避险等事故初期应急处置要求。

应急预案应与相关联单位和地方政府的预案相互衔接，并按规定备案。

11.2.2 应急队伍和物资

企业应按规定建立专（兼）职应急救援队伍，并与当地政府及其有关部门、邻近企业建立联动机制。不具备建立条件的，应与邻近的应急救援队伍签订应急救援协议。

应明确应急物资配备标准，设置应急设施，配备应急装备，储备应急物资，并定期检查、维护、保养，确保其完好、可靠。

11.2.3 应急培训和演练

企业应定期组织开展应急预案、应急知识、自救互救和避险逃生技能等培训，使从业人员了解应急预案内容，熟悉应急处置流程，掌握自救技能，提升安全避险及现场应急能力。

应制定应急演练计划，定期开展综合应急预案、专项应急预案、现场处置方案演练，并对演练情况进行记录、评估。

宜采取不预先通知的方式开展应急演练。

11.3 应急救援

企业应在事故发生后，根据应急预案立即启动相应的应急行动，在确保安全的前提下进行应急救援。

应迅速采取控制措施，组织抢救遇险人员，并及时通知和撤离可能受到事故影响的单位和人员。

应维护事故现场秩序，加强事故现场监测预警，研判事故发展态势，防止事故危害扩大和次生、衍生灾害发生，必要时请求外部应急救援队伍参加救援。

应及时准确发布信息，正确引导社会和公众舆论。

应在现场应急救援结束后，组织人员对现场进行检查确认，消除现场存在的不安全因素，并对应急救援情况进行总结评估。

11.4 应急恢复

企业应制定恢复方案，修复损毁的设备设施，恢复生产、生活秩序，统计事故损失。

12 事故事件

12.1 事故

企业应建立生产安全事故的管理要求，明确事故和未遂事故的范围、分级分类、信息报告、调查处理等内容。

应及时、如实报告事故。

应成立内部事故调查组，查明事故原因，认定事故性质和责任，提出对责任人的处理建议和防范措施。

应建立事故案例数据库，常态化开展警示教育。设置警示月和警示日，专题开展警示教育活动。

应建立事故台账和档案，定期对事故经过、原因、防范和整改措施落实情况进行回顾评估。

12.2 事件

企业应明确事件的范围、分类等内容。

应建立事件台账，记录相关信息，查找事件原因，分析发生规律，采取措施防止同类事件发生。

鼓励从业人员主动报告事件。

13 检查评价

13.1 安全检查

企业应明确安全检查的标准、范围、内容、频次、流程、方法等内容。

宜采用日常检查、专项检查、定期检查、内部审核、安全审计等方式，检查安全生产工作的合规性、安全风险管控的有效性、体系运行的符合性，对检查发现的问题及时整改。

内部审核可采用专项检查的方式实施。

13.2 绩效评价

企业应建立安全生产绩效评价的管理要求，明确绩效评价的指标、周期、方式等内容。

应组织开展安全生产绩效评价，评价结果进行公布。

宜设置安全生产专项资金，开展专项奖励。

14 持续改进

企业主要负责人应定期组织开展管理评审，以确保体系适宜性、充分性和有效性的持续改进。

管理评审输入应包括安全生产目标完成情况、安全风险分级管控与事故隐患排查治理情况、事故事件发生情况、上年度管理评审输出的落实情况等。管理评审输出应包括安全生产目标、安全生产重点工作安排部署、体系持续改进的相关要求和决定等。

当企业外部环境、内部的组织机构和业务性质发生重大变化时，应开展管理评审。

管理评审可采用年度安全工作会议或专项安全工作会议的方式实施。

2. 安全生产管理体系 第2部分：术语

1 范围

本文件界定了与集团安全生产管理体系有关的基本术语的定义。

本文件适用于集团公司、生产型子（分）公司及其所属的生产建设单位（以下统称"企业"）安全生产管理体系的建立、实施、保持和持续改进。其他单位参照执行。

2 规范性引用文件

本文件没有规范性引用文件。

3 有关总体要求的术语

3.1
安全理念 safety concept
企业倡导并被全体员工认同的、用于指导安全管理的理性原则和信念。

3.2
安全生产目标 work safety objective
要实现的安全生产结果。
注1：目标可以是战略性的、战术性的或运行层面的。
注2：目标可按其他方式来表述，例如：按预期结果、意图、运行准则来表述目标；按某职业健康安全目标来表述目标；使用其他近义词（如靶向、追求或目的等）来表述目标。
[来源：GB/T 45001—2020，3.16，有修改]

3.3
领导人员 leader
居于领导职位拥有一定领导职权承担一定领导责任实施一定领导职能的人员。

3.4
安全生产领导人员 work safety leader
企业中居于安全生产领导职位拥有一定安全生产领导职权承担一定安全生产领导责任实施一定安全生产领导职能的人员。

3.5

领导作用　leadership

领导者在组织或团队中，通过其特定的行为和影响力，引导、决策、指挥、协调、激励成员，以实现共同目标的过程。

3.6

安全领导力　safety leadership

领导者充分利用人力、物力、财力等资源，带领组织或团队实现安全生产目标的能力。

[来源：AQ/T 3034—2022，3.11，有修改]

3.7

安全生产管理能力　work safety management capability

应用知识和技能实现安全生产管理预期结果的本领。

[来源：GB/T 19000—2016，3.10.4，有修改]

3.8

安全承诺　safety commitment

依据安全生产履职尽责要求，做出的公开声明和（或）书面保证。

3.9

安全决策　safety decision making

针对生产经营活动中的特定安全生产问题，从多种解决方案中作出满意的选择，以较好地达到安全目标的活动过程。

3.10

安全履职　performance of safety duty

在安全生产方面履行岗位职责发挥自身作用的状态。

3.11

安全记分　safety scoring

企业对厂（矿）长或领导班子成员安全履职尽责的量化考核机制。

3.12

信息沟通　information communication

信息在企业内、外部传递的过程。

4 有关基础保障的术语

4.1

组织保障　organizational support

为安全生产目标服务的组织机构、相关人员的组成及其运行。

4.2

主要负责人　key person(s) in charge of an enterprise

有限责任公司、股份有限公司的董事长、总经理，其他生产经营单位的厂长、经理、矿长，以及对生产经营活动有决策权的实际控制人。

[来源：GB/T 33000—2016，3.3]

4.3

安全监察部门　safety supervision department

企业内部负责安全生产工作的综合监督管理与监察的专业机构。

4.4

安全监察人员　safety supervision personnel

安全监察部门负责安全生产监督检查工作的人员。

4.5

业务部门　business department

企业中直接参与设计、生产、销售、交付以及与之相关的服务和支持等业务活动并承担相应安全管理责任的机构。

注：包括生产业务部门、其他业务部门。

4.6

生产业务部门　production business department

负责生产运行、维护维修、设备（机电仪等）、工艺技术、调度指挥（应急）、工程建设等与企业生产运营直接相关业务的机构。

4.7

其他业务部门　other business department

负责党建（宣传、统战等）、工会、综合、纪检、人资、财务、计划、采购、企法、信息等业务的机构。

4.8

班组建设　team building

通过有效的手段和方法，调动班组成员安全生产的积极性、创造性，提高班组成员的安全生产工作技能与综合素质的活动过程。

4.9

合规　compliance

企业的安全生产活动与相关法规、标准相一致。

4.10

合规义务　compliance obligations

企业及其人员必须遵守的法律法规要求，以及必须遵守或选择遵守的其他要求。

[来源：GB/T 24001—2016，3.2.9，有修改]

4.11

法定要求　legal requirement

法律法规中所规定的安全生产要求。

4.12

安全生产责任制　work safety responsibility system

根据企业岗位的性质、特点和具体工作内容，明确所有层级、各类岗位从业人员的安全生产责任，贯彻实施安全生产法律法规和相关标准要求的工作机制。

4.13

安全生产责任追究　accountability of work safety

对于员工违反安全生产法律法规、企业安全生产规章制度，未履行或未正确履行职责，给企业造成损失或其他严重不良后果的行为，开展调查核实和责任认定，并对相关责任人进行处理的工作机制。

4.14

文件　document

信息及其载体。

示例：记录、规范、程序文件、图样、报告、标准。

注1：载体可以是纸张，磁性的、电子的、光学的计算机盘片，照片或标准样品，或它们的组合。

注2：一组文件，如若干个规范和记录。

[来源：GB/T 19000—2016，4.8.5]

4.15

记录　record

阐明所取得的结果或提供所完成活动的证据的文件。

注：记录可用于正式的可追溯性活动，并为验证、预防措施和纠正措施提供证据。

[来源：GB/T 19000—2016，3.8.10，有修改]

4.16

安全生产费用　work safety cost

按照规定标准提取，在成本（费用）中列支，专门用于完善和改进企业或者项目安全生产条件的资金。

4.17

数智化　digitalization of intelligence

数字化与智能化的结合，具体是指利用数字技术和数据驱动的方法，实现智能化、自动化和优化决策的能力。

4.18

智慧企业　intelligent enterprise

建立在数据驱动基础上整体呈现人工智能特点的人机协同企业。

注：智慧企业是企业在数字化改造和智能化应用之后的新型管理模式和组织形态。

4.19

安全文化　safety culture

企业在安全管理中倡导并付诸实践的安全价值理念，以及由此形成的共有安全思维方式、行为方式、制度机制和物态环境等的总和。

4.20

安全价值观　safety values

企业倡导并为全体员工认同的安全价值标准和基本准则。

5　有关安全风险分级管控的术语

5.1

安全风险分级管控　safety risk grading control

根据特定领域或企业的实际情况，对各种潜在和现实的安全风险进行科学分级和合理管控的过程。

［来源：GB/T 33000—2016，5.5.1.3，有修改］

5.2

安全风险　safety risk

发生危险事件或有害暴露的可能性，与随之引发的人身伤害、健康损害或财产损失的严重性的组合。

［来源：GB/T 33000—2016，3.8］

5.3

危险源　hazard

可能导致人身伤害、健康损害、财产损失或环境破坏的根源。

［来源：AQ/T 1093—2011，3.1，有修改］

5.4

危险源辨识　hazard identification

认识危险源的存在并确定其特性的过程。

［来源：AQ/T 1093—2011，3.2］

5.5

风险评估　risk assessment

运用定性或定量的统计分析方法对安全风险进行分析、确定其严重程度，对现有控制措施的充分性、可靠性加以考虑，以及对其是否可接受予以确定的过程。

［来源：GB/T 33000—2016，3.9］

5.6

风险分析　risk analysis

理解风险性质、确定风险等级的过程。

［来源：GB/T 23694—2013，4.6.1］

5.7

风险控制　risk control

处理风险的流程、策略、设施、操作或其他行动。

［来源：GB/T 23694—2013，4.8.1.1，有修改］

6 有关事故隐患排查治理的术语

6.1

事故隐患　potential accidents

可导致事故发生的人的不安全行为、物的不安全状态、管理的缺陷，或其中一种或几种的组合。

6.2

重大事故隐患　serious potential accidents

国家行业主管部门、企业内部制定的重大事故隐患判定标准规定的情形。

6.3

五定　five fixations

定责任、定措施、定资金、定时限、定预案的简称。

7 有关人员管理的术语

7.1

安全准入　safety permission

为保证符合法律法规、标准等规定的安全生产要求，从文化程度、职业资格、工作经验、年龄、身体状况等方面明确各岗位人员安全素质要求，对安全生产活动相关人员等进行的前置性审查。

7.2

安全作业能力评估　assessment of operation safety capability

对从业人员安全执行生产任务能力进行评价的活动。

7.3

安全资格　safety qualification

从业人员应具备的与所从事的生产经营活动相应的安全生产知识和能力。

注：企业主要负责人、安全生产管理人员、特种作业人员等持证上岗，其他从业人员经相关培训合格后上岗。

7.4

安全生产管理人员　work safety manager

负有安全生产管理职责的人员。

7.5

特种作业人员　special operation personnel

直接从事容易发生事故，对操作者本人、他人的安全健康及设备、设施的安全可能造成重大危害的作业的从业人员。

7.6

作业标准化　operation standardization

通过明确作业步骤、内容、标准、风险管控措施等，指导从业人员规范作业的过程。

7.7

行为观察　behavior observation

依据操作规程、作业标准等，对从业人员行为进行现场观察和沟通的过程。

7.8

不安全行为　unsafe behavior

可能产生风险或导致事故发生的行为。

［来源：AQ/T 1093—2011，3.8］

7.9

全员安全积分　staff safety points

对员工安全行为进行量化考核，激励员工参与安全管理，提高安全意识，规范安全行为的机制。

8 有关生产管理的术语

8.1

两措 two measures

"反事故措施"(反措)和"安全技术劳动保护措施"(安措)的简称。

8.2

重大灾害防治 major disaster prevent and control

对可能导致重特大事故的不良地质条件、水、火、瓦斯、冲击地压等灾害进行预防性治理的过程。

8.3

安全生产标准化 work safety standardization

企业通过落实企业安全生产主体责任,通过全员全过程参与,建立并保持安全生产管理体系,全面管控生产经营活动各环节的安全生产与职业卫生工作,实现安全健康管理系统化、岗位操作行为规范化、设备设施本质安全化、作业环境器具定置化,并持续改进。

[来源:GB/T 33000—2016,3.1]

8.4

安全冗余 safety redundancy

为了增强系统的可靠性和安全性,在系统设计和运维时引入多个冗余元素的理念、技术和方法。

8.5

危险作业 dangerous operations

在作业过程中危险因素较多、危险性较高,易造成人身伤害、设备损坏、财产损失,需采取专门措施进行管控的作业。

注:包括但不限于高处作业、动火作业、有限空间作业、动土作业、吊装作业、临时用电作业、盲板抽堵作业、爆破作业、断路作业等。

8.6

关键环节见证点 key link witness points

易造成事故、需要到岗监督人员核实确认的操作过程或节点。

8.7

异常处置 abnormal handling

对偏离正常运行或者控制标准的工况所采取的措施、程序和行动。

注:包括但不限于异常通知、告警、让步放行及原因分析、临时管控及闭环

整改等管控要求。

8.8

两票三制　two permits and three systems

"两票"是工作票与操作票的简称。"三制"是交接班制度、巡回检查制度、定期切换与试验制度的简称。

8.9

设备异动　equipment change

设备或系统功能、结构的改变、拆除，位置的变动，设备或部件的增装及逻辑、保护定值、参数的变更等。

8.10

控非停　non-planed stop control

发电企业控制机组非计划停运而采取的各项组织管理和技术措施的过程。

8.11

让步运行　concessive operation

当设备、设施不能达到设备技术规范或运行要求，仍需采用措施保持运行的情形。

8.12

港口安全设施　safety facilities of port

在港口生产经营活动中用于预防、控制、减少与消除事故影响采用的设备、设施及装备的总称。

[来源：JT/T 1490—2024，3]

8.13

港口基础设施　port infrastructure

在港口规划范围内，经验收合格后交付使用的码头及其同步立项的配套设施、防波堤、锚地、护岸等。

8.14

消防安全重点单位　key unit of fire safety

发生火灾可能性较大以及发生火灾可能造成重大的人身伤亡或者财产损失的单位。

8.15

消防安全重点部位　key fire safety areas

容易发生火灾、一旦发生火灾可能严重危及人身和财产安全以及对消防安全有重大影响的部位。

8.16

危险化学品 hazardous chemical

具有毒害、腐蚀、爆炸、燃烧、助燃等性质，对人体、设施、环境具有危害的剧毒化学品和其他化学品。

[来源：GB 18218—2018，3.1]

8.17

重大危险源 major hazard installations

长期地或者临时地生产、搬运、使用或者储存危险物品，且危险物品的数量等于或者超过临界量的单元（包括场所和设施）。

8.18

民用爆炸物品 civil explosive materials

用于非军事目的的各种火炸药及其制品和火工品的总称。

[来源：GB 50089—2018，2.0.1]

8.19

氢能 hydrogen energy

氢在物理与化学变化过程中释放的能量。可用于发电、各种车辆和飞行器用燃料、家用燃料等。

[来源：GB/T 24499—2009，2.2]

8.20

特种设备 special type equipment

对人身和财产安全有较大危险性的锅炉、压力容器、气瓶、压力管道、电梯、起重机械、客运索道、大型游乐设施、场（厂）内专用机动车辆，以及法律、行政法规规定适用中华人民共和国特种设备安全法的其他特种设备。

8.21

自然灾害 natural disaster

由自然因素造成人类生命、财产、社会功能和生态环境等损害的事件或现象。

注：包括气象灾害、地震灾害、地质灾害、海洋灾害、生物灾害、森林或草原火灾等。

[来源：GB/T 26376—2010，2.1]

8.22

改扩建项目 alteration and expansion projects

对原有设备设施、工程进行改造的项目。

8.23

开车前安全审查 pre-startup safety review

在生产装置投入生产前对影响装置开车、投用的工艺流程、设备、仪表、安全设施、资源等各项内容进行安全条件确认的过程。

[来源：AQ/T 3034—2022，3.6]

8.24

三查四定 punch list

查设计漏项（包括不合理设计）、查工程质量及隐患、查未完工程量，对检查出的问题定任务、定人员、定措施、定整改时间。

[来源：AQ/T 3034—2022，3.7]

8.25

结合部 joint par

两个区域交接的部分。

注：运输产业铁路、港口、航运及与外部单位在运输生产过程中，在不同部门、工种、职能、规章中交叉所形成的相互制约的区域与环节。

8.26

变更管理 management of change

对机构、人员、管理、工艺、技术、设备设施、作业环境等永久性或暂时性的变化进行有计划的控制，以避免或减轻对安全生产的影响。

[来源：GB/T 33000—2016，3.7]

8.27

配套服务 supporting services

为保障安全生产而提供的必要的支持性、配套性、多样性服务。

注：包括但不限于办公、仓储、治安、后勤等方面。

8.28

保安等级 security level

可能导致保安事件或者发生保安事件的风险级别划分。

8.29

工余安全 afterwork safety

法律规定工作之余员工安全、健康的管理活动。

注：包括但不限于交通、消防、防盗、情绪、户外活动、公共安全、食品安全等方面。

8.30

相关方　related parties

工作场所内外与企业安全生产绩效有关或受其影响的个人或单位，如承包商、供应商等。

[来源：GB/T 33000—2016，3.4]

8.31

承包商　contractor

在企业的工作场所按照双方协定的要求向企业提供服务的个人或单位。

[来源：GB/T 33000—2016，3.5]

8.32

船舶管理公司　ship management company

专业从事船舶运营、维护、技术管理以及船员配备等综合性管理服务的企业实体。

8.33

供应商　supplier

为企业提供材料、设备或设施及服务的外部个人或单位。

[来源：GB/T 33000—2016，3.6]

9　有关健康管理的术语

9.1

健康企业　healthy enterprises

依法履行职业病防治等相关法定责任和义务，全面承担企业社会责任，工作环境健康、安全、和谐，劳动者的身心健康和员工福祉能确保得到有效保障的企业。

[来源：GBZ/T 296—2017，2.8]

9.2

职业健康达人　occupational health talent

用人单位中自觉树立健康意识、主动践行健康行为、积极参与健康管理、善于传播健康理念、具有较好健康影响力的职业健康代表人物。

9.3

职业健康　occupational health

采取工程技术、组织管理等预防措施，以改善工作条件，改变从业人员不健康生活方式和行为，控制健康危险因素，预防职业病，减少工作有关疾病的发生，促进和提高从业人员健康和生命质量为目的的管理活动。

[来源：GBZ/T 224—2010，10.4，有修改]

9.4

职业病　occupational diseases

企业、事业单位和个体经济组织的劳动者在职业活动中，因接触粉尘、放射性物质和其他有毒、有害物质等因素而引起的疾病。

[来源：GBZ/T 224—2010，2.7]

9.5

职业病危害因素　occupational hazard factors

在职业活动中产生和（或）存在的、可能对职业人群健康、安全和作业能力造成不良影响的因素或条件，包括化学、物理、生物等因素。

[来源：GBZ/T 224—2010，2.6]

9.6

心理健康　mental health

企业员工在参与安全生产活动过程中，认知合理、情绪稳定、行为适当、人际和谐、适应变化的状态。

10　有关应急管理的术语

10.1

应急管理　emergency management

为防范和应对突发事件而进行的一系列有组织、有计划的管理活动。

[来源：GB/T 43581—2023，3.2，有修改]

10.2

应急准备　emergency preparedness

针对可能发生的事故，为迅速、有序地开展应急行动而预先进行的组织准备和应急保障。

[来源：GB/T 15236—2008，5.2]

10.3

应急预案　emergency plan

针对可能发生的事故，为最大程度减少事故损害而预先制定的应急准备工作方案。

[来源：GB/T 29639—2020，3.1]

10.4

应急救援队伍　emergency rescue team

承担处置各类事故、救援遇险人员等应急救援任务的专职或兼职队伍。

[来源：GB 30077—2023，3.3，有修改]

10.5

应急演练　emergency exercise

针对可能发生的事故情景，依据应急预案而模拟开展的应急活动。

[来源：GB/T 29639—2020，3.3]

10.6

应急处置　emergency disposal

为最大限度地降低突发事件造成的损失或危害，防止突发事件扩大，而采取的紧急处置措施或行动。

[来源：GB/T 35245—2017，3.8，有修改]

10.7

应急救援　emergency rescue

为消除、减少突发事件造成的危害而采取的人员救援措施或行动。

[来源：GB/T 15236—2008，5.4，有修改]

10.8

应急恢复　emergency recovery

突发事件的影响得到初步控制后，企业为使生产、工作、生活和生态环境尽快恢复到正常状态而采取的措施或行动。

11　有关事故事件的术语

11.1

事件　incident

可能或已经导致人员伤害、健康损害、财产损失或环境破坏的情况。

[来源：GB/T 45001—2020，3.35，有修改]

11.2

事故　accident

造成伤害、损失或破坏的事件。

[来源：GB/T 45001—2020，3.35，有修改]

11.3

未遂事故　near-miss

未造成但有可能造成伤害、损失和破坏的事件。

[来源：GB/T 45001—2020，3.35，有修改]

12 有关检查评价的术语

12.1

安全检查　safety inspection

查找安全生产问题和不足的活动。

注1：包括但不限于安全生产工作的合规性、安全风险管控的有效性、安全生产管理体系运行的符合性等方面。

注2：包括但不限于日常检查、专项检查、定期检查、内部审核、安全审计等方式。

12.2

内部审核　internal audit

由企业自行实施或由外部方代表实施的，以确保安全生产工作合规性、风险管控有效性及体系运行符合性所进行的系统的、独立的和文件化的过程。

［来源：GB/T 45001—2020，3.32，有修改］

12.3

安全审计　safety audit

审计主体评估审计客体安全管理水平的系统方法。

［来源：T/CCSAS 040—2023，3.1］

12.4

绩效评价　performance evaluation

采取定量或定性的方法对可测量的安全生产结果进行的评价过程。

［来源：GB/T 45001—2020，3.27，有修改］

13 有关持续改进的术语

13.1

管理评审　management review

对安全生产管理体系的适宜性、充分性和有效性进行的评审活动。

［来源：GB/T 45001—2020，3.32、9.3，有修改］

13.2

持续改进　continual improvement

根据企业的安全生产目标，持续对安全生产管理体系进行改进的过程。

［来源：GB/T 33000—2016，3.13，有修改］